Almuth Bartl

Viele klitzekleine Spielideen

für den Deutschunterricht

Illustriert von
Norbert Maier

Für die Grundschule!

6. Auflage 2021
© 2004 Auer Verlag, Augsburg
AAP Lehrerwelt GmbH
Alle Rechte vorbehalten.

Das Werk als Ganzes sowie in seinen Teilen unterliegt dem deutschen Urheberrecht. Der*die Erwerber*in der Einzellizenz ist berechtigt, das Werk als Ganzes oder in seinen Teilen für den eigenen Gebrauch und den Einsatz im eigenen Präsenz- oder Distanzunterricht zu nutzen. Produkte, die aufgrund ihres Bestimmungszweckes zur Vervielfältigung und Weitergabe zu Unterrichtszwecken gedacht sind (insbesondere Kopiervorlagen und Arbeitsblätter), dürfen zu Unterrichtszwecken vervielfältigt und weitergegeben werden.
Die Nutzung ist nur für den genannten Zweck gestattet, nicht jedoch für einen schulweiten Einsatz und Gebrauch, für die Weiterleitung an Dritte einschließlich weiterer Lehrkräfte, für die Veröffentlichung im Internet oder in (Schul-)Intranets oder einen weiteren kommerziellen Gebrauch.
Mit dem Kauf einer Schullizenz ist die Schule berechtigt, die Inhalte durch alle Lehrkräfte des Kollegiums der erwerbenden Schule sowie durch die Schüler*innen der Schule und deren Eltern zu nutzen.
Nicht erlaubt ist die Weiterleitung der Inhalte an Lehrkräfte, Schüler*innen, Eltern, andere Personen, soziale Netzwerke, Downloaddienste oder Ähnliches außerhalb der eigenen Schule.
Eine über den genannten Zweck hinausgehende Nutzung bedarf in jedem Fall der vorherigen schriftlichen Zustimmung des Verlags.

Sind Internetadressen in diesem Werk angegeben, wurden diese vom Verlag sorgfältig geprüft. Da wir auf die externen Seiten weder inhaltliche noch gestalterische Einflussmöglichkeiten haben, können wir nicht garantieren, dass die Inhalte zu einem späteren Zeitpunkt noch dieselben sind wie zum Zeitpunkt der Drucklegung. Der Auer Verlag übernimmt deshalb keine Gewähr für die Aktualität und den Inhalt dieser Internetseiten oder solcher, die mit ihnen verlinkt sind, und schließt jegliche Haftung aus.

Autor*innen: Almuth Bartl
Illustrationen: Norbert Maier
Satz: Fotosatz H. Buck, Kumhausen
Druck und Bindung: Korrekt Nyomdaipari Kft., Budapest
ISBN 978-3-403-**04250**-1

www.auer-verlag.de

Inhaltsverzeichnis

1 **So macht Grammatik Spaß!** 5
    Wörter raten 5
    Namen raten 5
    Die geheimnisvolle
    Auswahlgruppe 6
    Der Alphabet-Zoo 6
    MSU oder
    Mitlaut-Selbstlaut-Umlaut 6
    Logisch 7
    Widerspruch! 7
    Oberbegriffe raten 8
    Wortarten-Lesen 8
    So wie… 8
    Das Picknick 9
    Analogien 10
    Wörterpaare 11
    Endsilben-Toto 11
    Würfelverben 12
    Verben-Wettkampf 13

2 **Lesen – einmal ganz anders** 14
    Nach links und nach rechts 14
    Buchstaben-Logik 14
    Die gedrittelte Geschichte 15
    Ordnung schaffen 15
    Der Lese-Schnellzug 15
    Lese-Zickzack 16
    Das Lese-Chaos 17
    Der Lippenleser 17
    Die selbstlautlose Lotterie 17
    Das Lesepuzzle 18

3 **Rechtschreiben? Ja bitte!** 19
    Eins, zwei oder drei? 19
    Ich sehe etwas im Klassenzimmer 19
    Die li-la-lange Wörterschlange 19
    Wörter-Zickzack 20
    Die Wörtertreppe 20

    Rechtschreiben für Mäuse 21
    Wörter rechnen 21
    Von Januar bis Dezember 21
    Die Schülerschreibmaschine 22
    Fadenwörter 23
    Das Buchstaben-Quiz 23
    Rechtschreibchaos 23
    Glückspilz! 24
    Pumpernickel 25
    Die Wörterschlacht 25
    Der Wortsatz 26
    Das Rechtschreibrennen 27
    Ganz geheim 27

4 **Schreiben und noch
   vieles mehr** 29
    Quatschsatz 29
    Die Fingersprache 29
    Schreib mal wo anders! 29
    Ferngesteuert 30
    Das bist du! 30
    Ich wollt', ich wär' ein Huhn … 31
    Montagswörter 31
    Wie bitte? 32
    Buchstaben mit Beinen 33
    Schau genau! 33
    Drei Wörter, drei Sätze 33
    Vier 34

5 **Viele, viele Sprechideen!** 35
    Darf ich vorstellen? 35
    Komplett gelogen 35
    Talk-Show 36
    Was ist hier los? 37
    Das Sprichwörter-Rätsel 37
    Was wärst du lieber? 37
    Aller guten Dinge sind drei 38
    Fragen über Fragen 38

Die Lippensprache 39	7 Spaß für zwischendurch 53
Das Pessimisten-Optimisten-Spiel 39	Das Abc-Jahr 53
Was machst du?............................. 40	Nachbarn gesucht 53
Wörtermischmasch 40	Reimerei 53
Besuch! 40	Auf die Plätze, fertig, rot! 53
Das wichtigste Wort in meinem Leben 41	Pause! 54
Was wäre, wenn...? 41	Überraschung! 54
Das Prominenten-Interview 42	Ätsch! 54
Das 60-Sekunden-Referat 42	Abc 54
Ein ständiges Auf und Ab 43	8 Wir spielen mit Buchstaben! ... 55
6 Unser „Schatz" hat viele Worte! 44	Wer kennt mein Wort? 55
	Anfang, Mitte, Ende 55
Sammelsurium 44	Das Zeitungsspiel 56
Städte mit Vornamen 44	Buchstaben raten 56
Das Zeitungs-Abc 45	Buchstabenbrüder 57
Das Drei-Buchstaben-Spiel 45	Die Reimkette 57
Dalli, dalli! 46	Einer kommt durch 57
Das Geheimschrift-Spiel 46	Die Wörterkiste 58
Wörter zusammensetzen 47	Der verlorene Buchstabe 58
Das Alphabet im Klassenzimmer 47	Buchstaben für Riesen 58
Aufgepasst! 47	Im Rückwärtsgang 58
Die Buchstabenleiter 48	Gestreifte Buchstaben 59
Kleiner Buchstaben-Ausflug 48	Die Buchstabenjagd 59
Das Geheimwort 49	Alle Buchstaben fliegen hoch 60
Knickebein & Co. 50	Kampf mit der Buchstabenschlange 60
Die Dreier-Vierer-Kette 50	Wer ist das? 61
Seltsame Wortgeschöpfe 50	Selbstlautlos 61
Das Buchstabenquadrat 51	Buchstaben-Bingo 62
Das Selbstlaut-Spiel 52	AFKPU 62
Die „Ein-Vokal-Wörter-Schlacht" 52	Die Buchstabenlotterie 63

1 So macht Grammatik Spaß!

Wörter raten

Bevor das Spiel beginnt, wird eine bestimmte Wortart festgelegt, der alle gesuchten Wörter angehören. Zum Beispiel: Adjektive.
Die Lehrerin flüstert einem Schüler das Rätselwort ins Ohr. Der Schüler stellt sich vor die Klasse und versucht, seine Mitschüler durch pantomimische Darstellung auf den richtigen Weg zu führen. Zuerst beschreibt er mit seinen Armen einen Kreis und zeichnet dann mit dem Finger lauter Striche daran. Aufmerksame Mitschüler erkennen das Luftgebilde als „Sonne". Der Schüler demonstriert weiter, indem er die Augen schließt und sein Gesicht in die Sonne hält. Die Mitschüler, die ihm bisher folgen konnten, erinnern sich, dass ein Adjektiv gesucht ist. Wer zuerst das Lösungswort „sonnig" ruft, hat gewonnen und darf gleich das nächste Adjektiv darstellen.

Namen raten

Wieder wird zuerst eine Wortart festgelegt. Zum Beispiel: Verben.
Ein Schüler sucht nun in Gedanken einen Mitschüler aus, etwa den Florian und nennt Verben, die jeweils mit einem Buchstaben dieses Namens beginnen. Für den Florian sagt er beispielsweise: „Fliegen, lutschen, organisieren, rufen, impfen, antworten und nagen." Alle Mitschüler hören genau zu. Wer zuerst den Namen „Florian" ruft, gibt das nächste Rätsel vor.

Die geheimnisvolle Auswahlgruppe

Die Lehrerin bittet drei oder vier Kinder, sich nebeneinander vor die Klasse zu stellen. Zum Beispiel: Kim, Lukas und Martina. Die Mitschüler überlegen, warum die Lehrerin ausgerechnet diese drei Kinder ausgesucht hat. Sobald ein Schüler auf die Regel gekommen ist, verrät er nichts, sagt aber laut, welcher weitere Mitschüler sich links oder rechts zu der geheimnisvollen Gruppe gesellen soll. Zum Beispiel: „Jana stellt sich links neben Kim." Oder: „Nina soll sich rechts neben die Martina stellen." Kann die geheimnisvolle Gruppe nicht mehr vergrößert werden, so darf ein Schüler den Mitspielern verraten, was das Besondere an dieser Gruppe ist.

Der Alphabet-Zoo

Zwei Kinder werden zu Zoowärtern und verlassen das Klassenzimmer. Die übrigen Kinder werden nun in Tiere verwandelt, die man pantomimisch gut darstellen kann. Zum Beispiel: Frosch, Elefant, Krebs, … Die Lehrerin verwandelt immer zwei Kinder in die gleichen Tiere und achtet darauf, dass jeder Tiername mit einem anderen Buchstaben beginnt. So gibt es: zwei Affen, zwei Elefanten, zwei Frösche, zwei Giraffen, …
Auf ein Zeichen der Lehrerin laufen, krabbeln und hüpfen alle Kinder durchs Klassenzimmer und die beiden Tierwärter werden ins Klassenzimmer zurückgeholt. Ihre Aufgabe besteht nun darin, von jeder Sorte ein Tier einzufangen und diese Tiere nach dem Alphabet aufzureihen. Wer schafft das zuerst?

MSU oder Mitlaut – Selbstlaut – Umlaut

Ein Schüler überlegt sich ein beliebiges Wort. Zum Beispiel: „Bär" und übersetzt es nach dieser Regel:
M bedeutet Mitlaut, S bedeutet Selbstlaut und U bedeutet Umlaut.
Das Wort „Bär" heißt also jetzt: MUM. Diese Buchstaben schreibt der Schüler an die Tafel. Der erste Mitspieler, der ein Wort nennt, das zu die-

sem MSU-Code passt, auch wenn es sich nicht um das Wort handelt, das sich der erste Schüler ausgedacht hat, gewinnt und darf das nächste Rätselwort an die Tafel schreiben. In unserem Fall wäre also auch das Wort „Tür" eine richtige Lösung.

Logisch

Die Schüler sollen in der Anordnung der Buchstaben jeder Reihe eine Gesetzmäßigkeit erkennen und sie um mindestens zwei Stellen ergänzen. Die Buchstabenreihen werden nacheinander an die Tafel geschrieben. Zum Vervollständigen jeder Reihe haben die Schüler etwa 30 Sekunden Zeit.

A B C D E _ _   A b C d E _ _   A Z B Y C _ _
i j k l m _ _   a Z a Y a _ _   M O Q S U _ _
AB ZY CD XW EF _ _   C F I L O _ _   ab cd ef gh ij _ _
aB cD eF gH iJ _ _   A i B i C _ _   A a E e I i _ _

Widerspruch!

Die Lehrerin gibt einen Satz – bestehend aus möglichst vielen Satzteilen – vor. Zum Beispiel: Meine Tante schickte mir letzte Woche ein Päckchen, weil ich Geburtstag hatte.
Der erste Schüler steht auf und sagt: „Gar nicht wahr! **Meine Oma** schickte mir letzte Woche ein Päckchen, weil ich Geburtstag hatte." Jetzt steht sein Nachbar auf und behauptet: „Aber nein! Meine Oma schickte mir letzte Woche ein Päckchen, weil ich im **Krankenhaus lag**."
Der nächste Schüler widerspricht vehement: „Stimmt doch gar nicht! Meine Oma **brachte** mir letzte Woche ein Päckchen, weil ich im Krankenhaus lag."
So wird weiter gespielt, wobei natürlich auch die Satzteile mehrmals verändert werden dürfen.

Oberbegriffe raten

Ein Schüler wird der Spielleiter und überlegt sich eine bestimmte Gruppe von Personen, Tieren oder Dingen, zu denen er möglichst viele Mitglieder benennen kann. Beispielsweise denkt er an „Tiere mit Hörnern" und nennt nun langsam nacheinander entsprechende Unterbegriffe dieser Gruppe: „Kuh, Giraffe, Büffel, Ziege usw." Den Mitspielern stehen zu Beginn des Spiels zehn Punkte zur Verfügung. Für jeden Begriff, den der Spielleiter nennt, wird ein Punkt gestrichen. Kann also ein Schüler beispielsweise nach dem sechsten Beispiel den richtigen Oberbegriff nennen, erhält seine Gruppe noch vier Pluspunkte. Es gewinnt die Gruppe, die zuerst 15 Punkte erreicht.

Weitere Oberbegriffe wären:
- Sitzmöbel (Hocker, Sofa, ...)
- Wörter mit „Sch" am Anfang und „e" am Ende (Schnecke, Schale)
- Meerestiere
- Waldtiere
- Winterkleidung
- usw.

Wortarten-Lesen

Die Kinder lesen einen Merktext, wobei ein Kind (oder eine Kleingruppe) alle Substantive und ein anderes Kind (bzw. eine andere Kleingruppe) den Rest liest.
In der zweiten Runde kommt noch ein dritter Leser hinzu, der für die Adjektive zuständig ist, und wer will, schließt noch eine vierte Runde an und bestimmt ein weiteres Kind, das die Präpositionen liest. Anfangs klingt das zwar etwas holprig, wird aber von Runde zu Runde besser.

So wie ...

Die Kinder sollen Quatschreime erfinden, dabei Adjektive einsetzen und mit „so wie" vergleichen.

An der Tafel steht vielleicht:
„Onkel Otto ist so .... (gesund) wie ein Hund,
so .... wie ein Schwein,
so .... wie ein Elefant, ..."
Zuerst werden gemeinsam lustige Adjektive in die Lücken eingesetzt, also:
Onkel Otto so **gesund, rund (bunt)** wie ein Hund, so **klein (rein, fein)** wie ein Schwein, so **galant (arrogant, charmant)** wie ein Elefant, ...
Danach dürfen die Kinder selbst weitere Reime erfinden und sie den Mitschülern vorlesen: „Ich bin so schwer wie ein Bär, so froh wie ein Floh, so leise wie die Meise, ..."

Das Picknick

Die Lehrerin fragt: „Wir machen ein Picknick. Was nehmen wir mit?"
Nun darf jeder Schüler eine Aussage machen, und die Lehrerin gibt sofort an, ob dieser Gegenstand mitgenommen wird oder nicht. Dabei hat sie still für sich festgelegt, welche Gemeinsamkeit alle Picknick-Utensilien haben sollen. Zum Beispiel müssen alle Begriffe aus zwei Silben bestehen.
Ein Schüler will beispielsweise Wurst mitnehmen, und die Lehrerin lehnt das ab. Ein anderer möchte Äpfel mitnehmen, und das wird ihm auch

gestattet. Dazu schreibt der Schüler den Begriff an die Tafel in einen vorgezeichneten Picknickkorb. Nach einer Weile kann man im Korb solche Dinge lesen, wie: Wurstbrot, Nudeln, Limo, Salat, Käse, ...

Sobald ein Schüler meint, auf die Gemeinsamkeit dieser Begriffe gekommen zu sein, meldet er sich und gibt zum Beweis drei weitere Begriffe an, die in den Korb dürfen. So wird weitergespielt, bis etwa die Hälfte aller Schüler auf die Lösung gekommen ist. Derjenige, der als Erster die Gemeinsamkeit erraten hat, gibt die Lösung nun allen Schülern bekannt und darf sich selbst ein neues Kriterium überlegen, das allen Dingen gemeinsam ist, die in der zweiten Spielrunde in den Picknickkorb wandern dürfen.

Beispiel:
Es dürfen nur zusammengesetzte Substantive in den Korb, also: Nudelsalat, Wurstbrot, Taschenmesser, Rotwein, ...
Oder: Alle Wörter müssen mit „t" enden, also: Wurst, Brot, Salat, Toast, Saft, ...

Analogien

Grundschulkinder wissen schnell, worum es in diesem Spiel geht, wenn man ihnen ein paar Beispiele gibt.

Auto	:	Garage	=	Mantel	:	**Schrank**
Rot	:	Farbe	=	rund	:	**Form**
Tee	:	trinken	=	Wurstbrot	:	**essen**

Gesprochen wird: Das Wort „Auto" verhält sich zu „Garage" wie das Wort „Mantel" zu „Schrank".

Alles klar? Dann dürfen die Kinder zuerst die fehlenden Begriffe ergänzen und anschließend selbst gefundene Analogien an die Tafel schreiben und die Mitschüler ergänzen lassen.

reich	:	arm	=	gesund	:	???
lachen	:	fröhlich	=	???	:	traurig
braten	:	Pfanne	=	kochen	:	???

GRAMMATIK

Kalb : ??? = Lamm : Schaf
??? : schneiden = Stift : schreiben
Mütze : Kopf = Schuh : ???

Wörterpaare

Ein Schüler überlegt sich ein Wörterpaar. Zum Beispiel: Messer und Gabel. Er nennt den ersten Teil, also: „Messer und…" Und ruft einen Mitschüler auf, der das Paar ergänzt und sagt: „Messer und Gabel".
Stimmt die Ergänzung, darf dieser Schüler das nächste Paar aussuchen. Etwa:
Himmel und Hölle
Mann und Frau
Tag und Nacht
Berg und Tal
auf und ab
hin und her
unten und oben
Tasse und Teller
Nadel und Faden, …

Wer will, kann die Wörterpaare auch im Wettbewerb von zwei Schülergruppen ergänzen lassen.

Endsilben-Toto

Die Endsilben von Adjektiven: -ig, -lich und -isch sollen unterschieden werden. Die Lehrerin schreibt die drei Endsilben an die Tafel und ordnet jeder eine Zahl zu, nämlich so:

-ig   -lich   -isch
0   1   2

Nun nennt die Lehrerin nacheinander zehn Substantive. Zum Beispiel: Nebel, Quadrat, Gift, Mensch, … Die Kinder verwandeln die Substantive in

Gedanken in Adjektive und notieren nur die entsprechenden Zahlen 0, 1 oder 2 auf ihren Blöcken.
Am Ende lesen die Schüler ihre Toto-Tipps vor und vergleichen. Wer alle zehn Zahlen richtig aufgeschrieben hat, verdient einen kleinen Preis!

Tipp: Auf die gleiche Weise können Wörter mit -ung, -heit und -keit spielerisch wiederholt werden.

Würfelverben

An die Tafel werden zuerst die sechs verschiedenen Würfelseiten gezeichnet und jeder Augenzahl ein Personalpronomen zugeordnet. Das sieht dann ungefähr so aus:

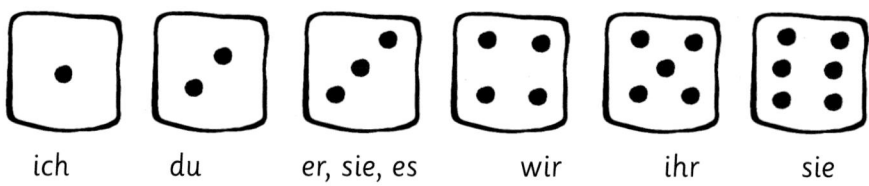

| ich | du | er, sie, es | wir | ihr | sie |

Zusätzlich werden noch elf verschiedene Verben an die Tafel geschrieben und mit Zahlen von 2 bis 12 versehen, etwa so:

2	3	4	5	6	7
gehen	fliegen	essen	sitzen	helfen	loben

8	9	10	11	12
schreiben	ziehen	lachen	lesen	bringen

Nun würfelt ein Schüler zuerst mit einem Spielwürfel und legt damit das Pronomen fest. Beispielsweise würfelt er eine „Vier" und ermittelt das Pronomen „wir". Danach würfelt er gleichzeitig mit zwei Würfeln, addiert die Augen und legt das Verb fest, zum Beispiel mit einer „Fünf" und einer „Sechs" ermittelt er das Verb „lesen". Seine Lösung heißt: „Wir lesen." Hat der Schüler seine Sache richtig gemacht, gibt er die Würfel an seinen Nachbarn weiter.

Tipp: Um mehrere Schüler gleichzeitig zu beschäftigen, kann einer das Pronomen erwürfeln, ein zweiter das Verb, und ein dritter gibt die Lösung an.

Verben-Wettkampf

Die Schüler spielen in Gruppen zu etwa sechs Kindern zusammen.
Die Lehrerin gibt ein beliebiges Namenwort vor. Zum Beispiel: „Brot".
Alle Schüler nennen jetzt nacheinander Tätigkeiten, die mit dem Namenwort in Verbindung stehen. Also, was kann ich alles mit einem Brot tun? Mögliche Lösungswörter wären: schneiden, toasten, essen, bestreichen, belegen, einfrieren, kauen, usw. Wer kein weiteres Wort mehr nennen kann, scheidet aus. Der Sieger darf das nächste Namenwort vorgeben. Zum Beispiel: „Koffer" (packen, entleeren, schleppen, ziehen, verstauen, verreisen usw.).

2 Lesen – einmal ganz anders

Nach links und nach rechts

Dieses kleine Minutenspiel hilft den Schülern, sich eine Reihe von etwa acht Merkwörtern einzuprägen, schult aber darüber hinaus auch noch die Konzentration und Ausdauer.
Zuerst schreibt die Lehrerin etwa acht Merkwörter nebeneinander an die Tafel und lässt die Wörter von mehreren Kindern laut vorlesen:
Abend bald spiegeln Dienstag brav winken brennen Ziel.
Dann geht es los! Die Lehrerin nennt das Startwort. Zum Beispiel: „Dienstag". Sie führt die Augen der Kinder dann nach Belieben von Wort zu Wort: „Drei nach links, zwei nach rechts, wieder vier nach rechts, fünf nach links usw." Irgendwann ruft die Lehrerin: „Ziel!" Wer jetzt zuerst das richtige Zielwort nennt, gewinnt das Spiel und darf seine Mitschüler in der nächsten Runde führen.

Buchstaben-Logik

Die Schüler spielen in Gruppen. Jede Gruppe wählt einen Spielleiter. Die übrigen Gruppenmitglieder schreiben jeweils das gesamte Alphabet auf ihre Blätter, und der Spielleiter überlegt sich heimlich einen Buchstaben. Zum Beispiel: das „L".
Nun darf ein Kind nach dem anderen ein beliebiges Wort nennen. Etwa „Pinguin". Der Gruppenleiter gibt nur an, ob sich der geheime Buchstabe in diesem Wort befindet oder nicht. Kommt der Buchstabe nicht in dem genannten Wort vor, streichen die Kinder die entsprechenden Buchstaben des Wortes auf ihren Zetteln. Wer zuerst den Lösungsbuchstaben nennt, wird Spielleiter in der nächsten Runde.

Tipp: Schwieriger, aber effektiver wird das Spiel, wenn die Schüler nur Wörter aus dem aktuellen Diktattext oder einem bestimmten Abschnitt eines Lesestückes abfragen dürfen.

Die gedrittelte Geschichte

Ein Lesestück wird kopiert und jedes Blatt in drei etwa gleich lange Abschnitte zerschnitten. Die Schüler formen Dreiergruppen. Jedes Gruppenmitglied erhält einen Abschnitt der Geschichte und liest ihn durch. Sind alle drei fertig, erzählt der Schüler, der den ersten Abschnitt gelesen hat, den Anfang der Geschichte, der zweite Schüler erzählt alles Wichtige aus dem Mittelteil, und der dritte Schüler erzählt seinen beiden Mitspielern den Schluss der Geschichte.

Ordnung schaffen

Jeder Schüler liest still für sich einen kurzen Text. In der Zwischenzeit schreibt die Lehrerin etwa acht Wörter aus dem Text in beliebiger Reihenfolge an die Tafel.
Wer mit dem Lesen fertig ist, nimmt seinen Block und einen Stift zur Hand und schreibt die Tafelwörter in seinen Block ab, aber in der Reihenfolge, wie sie im Text vorkommen. Besonders clevere Schüler ordnen die Wörter aus dem Gedächtnis, alle anderen dürfen beim Ordnen im Text nachlesen.

Der Lese-Schnellzug

Die Kinder spielen in zwei gleich großen Gruppen gegeneinander und stellen sich dazu hintereinander auf. Die Lehrerin zeichnet ein Rechteck oder Quadrat, bestehend aus vier mal vier Feldern, an die Tafel und schreibt in jedes Feld ein Merkwort. Dann werden die Felder noch waagrecht mit Zahlen und senkrecht mit Buchstaben markiert.

	1	2	3	4
A	Ufer	während	lässt	fließen
B	rascheln	Schilf	Moorhuhn	mühsam
C	kantig	plätschern	Stauwehr	Quelle
D	selbst	Flößer	Natur	Großstadt

Nachdem alle Wörter einmal laut vorgelesen wurden, beginnt der Wettkampf. Die Lehrerin fragt zum Beispiel nach dem Wort „rascheln", und die beiden ersten Schüler jeder Gruppe suchen dazu die passenden Koordinaten, in diesem Fall: A 2. Wer diese Angabe zuerst macht, setzt sich auf seinen Platz. Oder die Lehrerin gibt die Koordinaten an: „D 3". In diesem Fall darf sich das Kind setzen, das zuerst das passende Wort nennt: „Natur". Es gewinnt der Schülerzug, dessen Passagiere zuerst alle wieder auf ihren Plätzen sitzen.

Lese-Zickzack

Diese Lesefertigkeitsübung schult die Konzentration der Spieler.
Ein Kind liest den Text. Ein anderes Kind klatscht irgendwann und nennt den Namen eines neuen Lesers. Der liest jetzt von der Stelle ab, an der geklatscht wurde, rückwärts Wort für Wort, bis das Kind erneut klatscht und den Namen eines anderen Mitschülers nennt, der nun wieder von der Umkehrstelle aus vorwärts liest. So wird weiter gelesen, bis die Kinder schließlich am Ende des Textes ankommen.

Tipp: Hör mal, wer da spricht!
Lesen macht gleich noch viel mehr Spaß, wenn man mit verstellter Stimme lesen darf und ein „blinder" Mitschüler raten soll, wer gerade liest! So kann man den Text zum Beispiel flüstern oder gackern, krächzen oder nuscheln, wie ein Gespenst heulen oder abgehackt wie ein Roboter sprechen.

Das Lese-Chaos

Drei Spieler setzen sich an einen Tisch. Zwei haben unterschiedliche Texte vor sich, die sie auf das Startzeichen hin dem dritten Spieler vorlesen. Dabei muss der versuchen, möglichst viele Einzelheiten der gehörten Texte zu behalten. Sind die Texte vorgelesen, darf jeder Leser dem Zuhörer drei Fragen zum Text stellen. Wie viele kann er richtig beantworten?

Tipp: Der schnellere Vorleser liest seinen Text wieder von vorne. Er liest so lange weiter, bis auch sein Kollege fertig ist.

Der Lippenleser

Ein Kind wird zum Lippenleser ausgewählt und verlässt das Klassenzimmer. Ein anderes Kind wird benannt, das später lautlos ein bestimmtes Merkwort sprechen darf, während alle anderen Kinder mit deutlicher Lippenbewegung, aber ebenfalls lautlos, immer wieder „Pumpernickel" vor sich hin sagen.
Dann wird das erste Kind ins Klassenzimmer zurückgerufen. Auf das Startzeichen der Lehrerin hin sprechen nun alle Kinder ohne Ton ihre Wörter.
Die Aufgabe des Lippenlesers besteht darin, den Sprecher des Merkwortes möglichst schnell zu identifizieren.

Die selbstlautlose Lotterie

Jedes Kind darf sich im Lesebuch einen beliebigen Satz aussuchen und ihn ohne Selbst- und Umlaute auf einen Zettel schreiben. Zum Beispiel:
Wdr nml ht Tll lnspgl dn Brgrn nn snr brhmtn trch gsplt.
Die Zettel werden dann eingesammelt, gut gemischt und wieder an die Kinder verteilt. Jedes Kind versucht nun seinen Satz zu entziffern. Wer erfolgreich war, meldet sich und liest seinen Mitschülern den Satz vor, in unserem Fall also:
Wieder einmal hat Till Eulenspiegel den Bürgern einen seiner berühmten Streiche gespielt.

Das Lesepuzzle

Ein kurzer, den Kindern unbekannter Text wird von der Lehrerin Satz für Satz auf jeweils einen Zettel geschrieben. Diese Zettel werden gut gemischt und an die Kinder verteilt. Wer einen Satz zugeteilt bekam, liest ihn zuerst still für sich durch und danach seinen Mitschülern laut vor. Alle Kinder hören genau zu, versuchen den Inhalt der Geschichte herauszufinden und gemeinsam die Reihenfolge der Sätze festzulegen, sodass der Text einen Sinn ergibt.

Tipp: Wenn die Sätze auf Folienstreifen geschrieben werden, kann man den Text auf dem Overheadprojektor zusammensetzen und so allen Kindern zugänglich machen. Eventuell muss ja doch noch die eine oder andere Satzfolge geändert werden.

3 Rechtschreiben? Ja bitte!

Eins, zwei oder drei?

Die Lehrerin sucht drei Wörter aus, von denen zwei über einen gemeinsamen Laut verfügen. Zum Beispiel: „ei". Jetzt nennt sie die Wörter laut. Etwa: „Schwein, Wald und drei". Die Schüler denken still für sich nach, heben dann ihre Arme und zeigen entweder einen, zwei oder drei Finger. Da in unserem Fall das erste und das dritte Wort den gemeinsamen Laut „ei" haben, sollte jeder Schüler zwei Finger zeigen. Das zweite Wort verfügt über keinen gemeinsamen Laut.
Ein Schüler schreibt die drei Wörter an die Tafel und unterstreicht im ersten und dritten Wort den gemeinsamen Laut.
Möchte ein Schüler die drei Wörter vorgeben, sollte er sie sicherheitshalber vorher der Lehrerin ins Ohr flüstern, die dann kontrollieren kann, ob die ausgesuchten Wörter auch tatsächlich der Spielregel entsprechen.

Ich sehe etwas im Klassenzimmer...

Die Lehrerin beginnt das Spiel. Sie sucht sich einen geeigneten Gegenstand im Klassenzimmer aus und gibt Hinweise auf die Schreibweise des entsprechenden Wortes. Zum Beispiel: „Ich sehe etwas im Klassenzimmer, dessen Name besteht aus zwei Silben. Er endet mit einem ‚l'. Das Wort hat sieben Buchstaben, aber nur sechs Laute." ...
Wer zuerst das Lösungswort „Spiegel" nennt, gibt das nächste Rätsel vor: „Ich sehe etwas im Klassenzimmer, ..."

Die li-la-lange Wörterschlange

Die Lehrerin schreibt ein Wort an die Tafel. Zum Beispiel: Hase.
Nun darf jeder Schüler ein neues Wort nennen, indem er einen Buchstaben des vorangegangenen Wortes ändert.

Beispiel:
Hase – Hast – Last – List – Mist – bist – Bast – baut – Haut – Haus – ...

In der nächsten Runde spielen die Kinder in Gruppen gegeneinander. Die Lehrerin gibt ein neues Wort vor, und die Schüler bilden eine möglichst lange Wörterschlange. Die Gruppe, deren Schlange die meisten Wörter besitzt, gewinnt das Spiel.
Achtung: Jedes Wort darf nur einmal in der Schlange vorkommen!

Wörter-Zickzack

Die Schüler stehen sich in zwei Reihen gegenüber.
Der erste Spieler nennt ein Wort. Zum Beispiel: „Hund". Der Schüler, der ihm gegenübersteht, bildet ein neues Wort, indem er einen beliebigen Buchstaben vertauscht und nennt es laut: „Hand". Nun geht die Reihe mit dem zweiten Spieler der ersten Gruppe weiter. Er sagt vielleicht: „Hahn", der nächste Schüler bildet das Wort „nahe" usw.
Bei diesem Spiel darf auch die Buchstabenkombination beliebig verändert werden.

Die Wörtertreppe

Dieses Spiel ist besonders bei schwächeren Rechtschreibern sehr beliebt. Ein Wort, bestehend aus drei Buchstaben, wird vorgegeben und die Wörtertreppe dann von jedem Schüler in Stillarbeit fortgesetzt. Wer die längste Treppe bilden kann, ohne ein Wort zu wiederholen, gewinnt das Spiel.

```
KLO
 H
 ROT
   O
   RAD
     A
     SEE
       I
       SAU
         H
         UHR
```

Rechtschreiben für Mäuse

Die Lehrerin gibt ein Wort vor. Zum Beispiel: „Gurkensalat". Sie schreibt es an die Tafel. Dann sagen die Schüler abwechselnd die Buchstaben nach dem Alphabet auf, ersetzen aber jeden Buchstaben, der im ausgewählten Wort vorkommt, mit „Pieps". In unserem Fall lautet das dann so: Pieps, B, C, D, pieps, F, pieps, H, …

Tipp: Auf diese Weise prägen sich die Kinder schwierige Merkwörter besonders gut ein.

Wörter rechnen

Die Lehrerin schreibt zuerst diesen Zahlen-Buchstaben-Code an die Tafel.

1	2	3	4	5	6	7	8	9
ABC	DEF	GHI	JKL	MNO	PQR	STU	VWX	YZ

Dann nennt sie nacheinander bestimmte Merkwörter. Zum Beispiel: „flink". Die Schüler ordnen jedem Buchstaben die entsprechende Zahl zu, addieren die Zahlen und schreiben nur die Summe auf ihre Blöcke. In unserem Beispiel: 2 + 4 + 3 + 5 + 4 = 18.
Sind nacheinander etwa acht Wörter auf diese Weise „übersetzt" worden, werden die Summen vorgelesen, verglichen und nachgerechnet. Wer alle acht Ergebnisse richtig hat, verdient einen kleinen Preis!

Von Januar bis Dezember

Die Lehrerin stellt eine Frage. Zum Beispiel: „Was isst du im Januar?" Die Kinder geben nacheinander Antworten, die mit den Buchstaben dieses Monats beginnen, also vielleicht: „Im Januar esse ich: Johannisbeeren, Ananas, Nudeln, Ufos, Apfelkuchen und Rehbraten." Der Schüler, der als nächster an der Reihe ist, darf die nächste Frage stellen: „Was hast du im Februar in deiner Schultasche?" „Im Februar habe ich in meiner Schultasche: einen Füller, Erbsen, Butterbrot, Radiergummi, Uhu, einen Apfel und

ein Rätselheft." Danach wird vielleicht gefragt: „Woraus kochst du im März deine Suppe?" Oder: „Was wächst im April?" Oder: „Was ziehst du im Juni an?"

Die Schülerschreibmaschine

Jedem Schüler wird ein anderer Buchstabe zugeordnet, den die Spieler ganz groß auf Zettel schreiben. Die Lehrerin nennt nacheinander beliebige Wörter, zuerst einfache, dann immer schwierigere und längere, die aus möglichst vielen verschiedenen Buchstaben bestehen. Zum Beispiel: „Blume". Wessen Buchstabe im Merkwort enthalten ist, hebt sofort seinen Zettel hoch, Spieler mit anderen Buchstaben tun das natürlich nicht. So spielt man erst einmal mit verschiedenen Wörtern und fordert dann zum Wettkampf auf. Jetzt erhält derjenige einen Minuspunkt, der seinen Zettel zu falscher Zeit hochhebt oder seinen Zettel nicht hochhebt, wenn er es eigentlich hätte tun sollen. Hat ein Schüler drei Minuspunkte, scheidet er aus und übergibt seinen Buchstaben an einen beliebigen Mitspieler, für den das Spiel jetzt natürlich schwieriger wird, weil er zwei Buchstaben „verwalten" muss. Ausgeschiedene Spieler werden zu Assistenten der Lehrerin, dürfen ihrerseits Wörter vorgeben und achten darauf, dass die aktiven Schüler richtig spielen.

Tipp: Seltene Buchstaben wie C, Q, X und Y sollten ausgelassen werden. Dafür sollten aber unbedingt die drei Umlaute, CH und SCH vorhanden sein.

Fadenwörter

Jeder Spieler erhält einen langen, nassen Wollfaden, darf sich sein persönliches Lieblingswort aus dem Diktattext aussuchen und dieses Wort mit dem Faden auf seinem Tisch schreiben.

Zusatz:
Der Partner schließt die Augen und spurt den Faden mit geschlossenen Augen nach. Kann er das Lieblingswort seines Nachbarn „blind" lesen?

Tipp: Anstelle der Fäden kann man die Buchstaben und Wörter auch aus dünnen Plastilinwürsten legen.

Das Buchstaben-Quiz

Ein Schüler nennt ein beliebiges Merkwort und dazu eine Zahl. Zum Beispiel: „Winkelmesser 8". Die Mitspieler müssen sich das vorgegebene Wort in Gedanken vorstellen, schnell die Buchstaben zählen und den achten Buchstaben laut nennen: „e". Wer die Aufgabe als Schnellster bewältigt hat, darf das nächste Rätsel vorgeben.

Rechtschreibchaos

Jeder Schüler bekommt einen Buchstaben zugewiesen und schreibt ihn auf einen Zettel. Sind weniger als 26 Schüler am Spiel beteiligt, lässt man seltene Buchstaben wie J, Q, X und Y aus. Sind es mehr als 26 Schüler, kommen die Umlaute und eventuell auch die Doppellaute hinzu.
Zwei Schüler werden zu Buchstabensammlern und stellen sich vor die Klasse. Nun schreibt die Lehrerin für jeden Sammler ein gleichlanges Wort an die Tafel. Zum Beispiel: „bald" und „kurz". Auf das Startzeichen hin rennen die Buchstabensammler durch die Klasse und sammeln alle Zettel ein, auf denen die Buchstaben ihres Wortes stehen. Die Zettel werden in Windeseile an die Tafel geheftet. Wessen Wort zuerst vollständig an der Tafel zu lesen ist, gewinnt.

Tipps: Achten Sie darauf, dass in den zwei vorgegebenen Wörtern kein Laut doppelt vorkommt!

Jeder Sammler darf sich einen Assistenten wählen, der ihm beim Anheften der Buchstabenzettel hilft. Ideal wäre eine Magnettafel.

Glückspilz!

Die Klasse wird zuerst in zwei gleich große Gruppen eingeteilt. Die Gruppenmitglieder stellen sich in zwei Riegen vor der Tafel auf. Nun nennt die Lehrerin ein beliebiges Merkwort. Zum Beispiel: „während". Die beiden ersten Spieler stellen sich jeweils hinter einen Tafelflügel und schreiben das Wort an. Sind beide Kinder fertig, klappen sie die Tafeln um, so dass alle Kinder die Anschriften lesen können. Nur wer das Wort richtig geschrieben hat, darf jetzt einmal würfeln und die erreichte Augenzahl seiner Gruppe als Pluspunkte gutschreiben.
Die Gruppe, die zum Schluss, wenn jedes Kind einmal an der Reihe war, die meisten Punkte hat, gewinnt.

Pumpernickel

Dieses Spiel wird in Partnergruppen durchgeführt. Die beiden Kinder brauchen mindestens 20 Kärtchen mit Merkwörtern. Jeder erhält gleich viele und mischt sie gründlich. Dann legt jeder seine Kärtchen auf einem Stapel zusammen, die beschrifteten Seiten nach unten. Die Spieler sagen gemeinsam: „Auf die Plätze, fertig, los!" und drehen ihre obersten Kärtchen um. Schnell lesen sie das Wort auf der eigenen Karte und das Wort des Partners und suchen nach einem gemeinsamen Buchstaben. Zum Beispiel: Spieler A: Gewitter, Spieler B: während. Gemeinsame Buchstaben wären in diesem Fall das „e", das „w" und das „r". Wer einen dieser Buchstaben zuerst nennt, erhält das Kärtchen seines Spielpartners und legt es zusammen mit seinem Kärtchen zur Seite. Gibt es aber in den beiden Wörtern keinen gemeinsamen Buchstaben, zum Beispiel bei „Gewitter" und „Bach", gewinnt der Schüler, der das zuerst erkennt und „Pumpernickel" ruft.
Wer am Ende des Spiels die meisten Wortkärtchen besitzt, ist Sieger.

Die Wörterschlacht

Eine Wörterschlacht spielt sich nach dem Prinzip des bekannten „Schiffeversenkens" immer zwischen zwei Schülern ab. Zuerst bekommt jeder ein Blatt, auf dem zwei Quadrate aus zehn mal zehn Feldern als künftige Schlachtfelder aufgezeichnet sind. Die Kästchen sind waagrecht mit Buchstaben von A bis J gekennzeichnet und senkrecht mit Zahlen von 1 bis 10. Die Lehrerin schreibt zehn Merkwörter an die Tafel, die dann von den Kindern nach Belieben waagrecht oder senkrecht in ihre oberen Spielfelder eingetragen werden. Natürlich darf der Nachbar dabei nicht zuschauen, denn er soll ja in der Schlacht die Lage der Wörter seines Partners möglichst schnell herausbekommen. Sind alle zehn Wörter versteckt, beginnt die Schlacht. Ein Kind fragt seinen Nachbarn nach drei beliebigen Feldern, die durch die angegebenen Koordinaten festgelegt sind, also zum Beispiel: „F 8". Der Gefragte schaut in seinem oberen Spielfeld nach, ob sich bei F 8 ein Buchstabe befindet. Wenn „ja", nennt er diesen Buchstaben, wenn „nein", sagt er „kein Treffer", und der Fragende markiert das mit einem

Kreuzchen im entsprechenden Feld. So wird abwechselnd weitergefragt und nach und nach wird man die Wörter des Partners lokalisieren können. Wer zuerst alle zehn Wörter entdeckt hat, gewinnt das Spiel.

Achtung:
- Zum Eintragen der eigenen Wörter einen Bleistift benutzen, damit auch mal etwas radiert werden kann!
- Umlaute werden auch als solche eingetragen, also: Märchen und nicht Maerchen!

Beispiel:

	A	B	C	D	E	F	G	H	I	J
1	F	A	H	R	T	X	I	D	E	E
2	X	X	X	X	X	X	X	X	X	X
3	W	X	S	A	M	S	T	A	G	X
4	Ä	X	X	X	X	X	X	X	X	X
5	H	X	Z	W	E	C	K	X	X	M
6	R	X	X	X	X	X	I	X	X	O
7	E	I	N	K	E	H	R	E	N	N
8	N	X	X	X	X	X	C	X	X	A
9	D	X	X	X	X	X	H	X	X	T
10	X	X	W	I	N	K	E	N	X	X

Der Wortsatz

Ein besonders schwieriges Wort wird an die Tafel geschrieben.
Jedes Kind überlegt still für sich einen Satz, in dem jedes Wort mit einem Buchstaben des Merkwortes beginnt, also:
Aus dem Wort „abends" könnte entstehen:
Am Bodensee erzählte Norbert deutsche Sagen. Oder:
Acht blonde Engel nähen dunkelblaue Säcke.
Sind alle Kinder fertig, werden die Sätze vorgelesen und der lustigste Satz prämiert.

Das Rechtschreibrennen

Dieses Spiel wird zu zweit nach dem Prinzip von „Stadt, Land, Fluss" gespielt. Zuerst unterteilen die Kinder ihre Blätter in jeweils sechs gleichbreite Spalten und schreiben über jede Spalte eine Rechtschreibschwierigkeit, zum Beispiel:

| tz | ck | äu | ie | ss | Punkte |

Nun sagt ein Schüler laut „A" und rasselt in Gedanken das Alphabet weiter. Sein Partner ruft irgendwann „Stopp!", und das erste Kind nennt den Buchstaben laut, den es gerade im Sinn hatte, zum Beispiel: „T".
Sofort tragen die Spieler passende Wörter mit dem Anfangsbuchstaben „T" in ihre Spalten ein.

tz	ck	äu	ie	ss	Punkte
Trotz	Trick	täuschen	Tier	Tasse	

Wer zuerst alle fünf Wörter gefunden hat, ruft „Halt!". Der Spielpartner muss jetzt sofort aufhören zu schreiben. Nun liest der schnellere Schüler seine Wörter vor. Die Kinder vergleichen und so wird gewertet:
Jedes Wort gibt zehn Punkte. Haben aber beide Spieler zufällig das gleiche Wort, gibt es dafür nur fünf Punkte. Hat nur einer der beiden Spieler ein gültiges Wort gefunden, schreibt er sich dafür zwanzig Punkte gut. Die erreichte Punktzahl wird in der Spalte „Punkte" eingetragen. Nach etwa fünf Spielrunden werden die erreichten Punkte addiert und so die Gesamtsumme und der Sieger ermittelt.

Ganz geheim

Einen Geheimcode kennt fast jedes Kind. Und weil Geheimschriften spannend sind, darf jetzt jeder Schüler ein beliebiges Wort aus dem Merktext aussuchen und in seine Geheimschrift übersetzen.
Beispiele:
- Die Buchstaben des Wortes werden rückwärts geschrieben, also wird das Wort „erzählen" zu „nelhäzre".

RECHTSCHREIBEN

- Ein beliebiger Störbuchstabe wird zwischen die Buchstaben gesetzt, sodass das Wort „erzählen" nun so aussieht:
„eprpzpäphplpepnp".
- Die Buchstaben des Wortes werden links und rechts vom Anfangsbuchstaben angeordnet. Unser Wort sähe dann so aus:
„ehz<u>e</u>räln". Als kleine Hilfe kann der Anfangsbuchstabe unterstrichen werden.
- Die Buchstaben werden in Zahlen übersetzt, also ein „A" wird zur 1, ein „B" zur 2 usw. In diesem Fall werden Umlaute wie das „ä" zu „ae" und das Geheimwort sieht als Zahlenfolge so aus:
5 18 26 1 5 8 12 5 14.
- Der Gespenstercode fügt nach jedem Selbstlaut den Buchstaben „g" ein und wiederholt den vorangegangenen Vokal. „Erzählen" heißt unter Gespenstern: „egerzähllegen".

Jedes Kind darf sein codiertes Wort an die Tafel schreiben, und die Mitspieler raten, um welches Wort es sich handelt. Wer zuerst auf die Lösung kommt, darf als Nächster sein Geheimschriftwort anschreiben.

4. Schreiben und noch vieles mehr

Quatschsatz

Jeder Schüler unterteilt sein Blockblatt in drei Felder und trägt die Fragewörter: Wann? Wo? Warum? über den Spalten ein.
Nun schreibt jeder eine beliebige Angabe darunter. Zum Beispiel:

Wann?	**Wo?**	**Warum?**
vor dem Frühstück	im Hühnerstall	weil es donnert und blitzt

Erst jetzt schreibt die Lehrerin einen Satz, bestehend aus Subjekt und Prädikat, an die Tafel. Zum Beispiel: Tante Berta hustet.
Nun darf jeder Schüler seine Satzteile in den vorgegebenen Satz einbauen und den so entstandenen Quatschsatz vorlesen. In unserem Fall also:
Vor dem Frühstück hustet Tante Berta im Hühnerstall, weil es donnert und blitzt.

Die Fingersprache

Ein Schüler stellt sich vor die Klasse und übermittelt seinen Mitschülern in der Fingersprache ein beliebiges Merkwort. Wer das Geheimwort zuerst nennt, darf seinerseits gleich das nächste Worträtsel in der Fingersprache vorgeben.

Schreib mal wo anders!

Viel spannender als Buchstaben und Merkwörter mit einem Stift auf Papier zu schreiben, sind diese Varianten:

- Buchstaben mit dem Strahl der Taschenlampe oder mit Hilfe eines Spiegels an die Wand schreiben,
- ... mit dem Finger in die Luft schreiben,
- ... mit dem Finger auf eine angelaufene Fensterscheibe schreiben,
- ... mit einem feuchten Schwamm an die Tafel schreiben,
- ... mit dem Finger in einer Schachtel schreiben (dazu den Boden eines Kartons mit Salz oder Sand bedecken),
- ... mit dem Finger auf die Handfläche des Banknachbarn schreiben,
- ... mit nassen Barfüßen auf den Asphalt „drucken",
- ... mit einem Laserpointer an die gegenüberliegende Hauswand schreiben,
- ... mit Zaubertinte (Zitronensaft) auf ein Blatt schreiben und die Schrift dann über einer Wärmequelle (Kerze, Glühlampe, ...) erscheinen lassen,
- auf dem Spielplatz die Wörter mit dem großen Zeh in den Sand schreiben.

Tipp: Schwache Schüler tun sich beim Abschreiben eines Tafeltextes leichter, wenn man jede Zeile mit einer andersfarbigen Kreide schreibt!

Ferngesteuert

Ein Spieler kommt zur Tafel und setzt seine Kreide an einer bestimmten Stelle der Tafel an. Ein weiterer Spieler überlegt sich, welches Wort der Zeichner schreiben soll und erteilt jetzt die Kommandos, zum Beispiel: „Nach oben!", „Nach links!" usw.
So versucht er die Kreide des Tafelschreibers zu steuern, damit dieser den geheimen Begriff anschreibt. Die Mitschüler beobachten das Geschehen ganz genau. Wer erkennt zuerst, welches Wort da geschrieben wird?

Das bist du!

Jeder Schüler wird aufgefordert, fünf Angaben zu seiner Person auf einen Zettel zu schreiben. Die Angaben sollten so ausgewählt werden, dass sie zwar etwas Typisches verraten, der Absender aber nicht zu leicht zu er-

kennen ist. Zum Beispiel: Ich male gerne. Ich schreibe am liebsten mit lila Tinte. Sport mag ich gar nicht. Ich bin noch nie zu spät in die Schule gekommen, weil mich mein Papi fährt. Ich habe keine Geschwister.

Sind alle Schüler fertig, werden die Zettel eingesammelt und gut gemischt. Die Lehrerin zieht einen Zettel, liest die Angaben vor und lässt die Schüler raten, auf welches Kind die Angaben zutreffen.

Ich wollt', ich wär' ein Huhn...

Einer der folgenden Sätze steht an der Tafel. Die Schüler sollen sich Gedanken machen, wie sie ihn ergänzen würden und noch ein paar weitere Sätze zur Erklärung dazuschreiben.

- Niemals in meinem Leben würde ich...
- Mein größter Wunsch wäre, ...
- Wenn ich den Mut hätte, würde ich gerne einmal...
- Wenn ich auf dieser Welt eine Sache ändern könnte, so wäre das...
- Wenn ich allmächtig wäre, würde ich zuerst...
- Ich würde mich so gerne mal mit ... über ... unterhalten.
- Ach wäre ich doch ..., dann könnte ich ...

Montagswörter

Bei diesem Spiel dürfen Rechtshänder nur mit der linken und Linkshänder nur mit der rechten Hand schreiben. Ein Spieler kommt zum Overheadprojektor oder an die Tafel und schreibt ein beliebiges Merkwort mit seiner „falschen" Hand.

Die Mitspieler achten ganz genau darauf, wie das Wort wohl heißen könnte. Wer zuerst das richtige Wort nennt, darf das nächste anschreiben.

Tipp: Kinder schreiben am liebsten und am besten, wenn sie dazu einen wirklichen, aktuellen Grund sehen. Darum verpassen Sie keine Chance, mit den Kindern Briefe zu schreiben. Zum Beispiel:
an einen Mitschüler, der im Krankenhaus liegt;
an den Autor eines Buches oder eines Lesestückes, das den Schülern gefallen hat;

an eine Partnerklasse in einem anderen (Bundes-)Land;
an das Schulamt oder an das Kultusministerium, wenn es um grundsätzliche Verbesserungsvorschläge im Schulbereich geht;
Einladungen an Eltern zu einem Klassenfest, einer Erkundung, einem Flohmarkt oder Ähnlichem; Glückwunschkarten an Weihnachten und zu Geburtstagen für den Hausmeister, den Bürgermeister, die ehemalige Kindergartentante, ...; Anfragen an bestimmte Einrichtungen oder Betriebe, ...
Und das Beste daran: Wir bekommen Post!

Wie bitte?

Auf eine dumme Frage gehört ja bekanntlich eine dumme Antwort. Nach diesem Prinzip funktioniert dieses Spiel.
Die Lehrerin schreibt eine Frage an die Tafel. Etwa: „Warum fressen Hasen so gerne Karotten?" oder „Wieso ist es in der Nacht so dunkel?" und die Kinder schreiben ihre möglichst logisch klingenden, aber völlig unsinnigen Antworten auf den Block. Zum Beispiel:
Dass es bei uns am Tag hell ist, liegt daran, dass alle Marsmännchen mit ihren Taschenlampen auf die Erde leuchten. Aber nach etwa zwölf Stunden sind die Batterien der Taschenlampen leer und deshalb wird es auf der Erde dunkel.
Sind alle Kinder mit der Aufgabe fertig, dürfen die dummen Antworten auf die dumme Frage vorgelesen werden. Die lustigste Erklärung wird belohnt.

Buchstaben mit Beinen

Zuerst wird die Klasse in zwei gleich große Gruppen unterteilt. Die Schüler jeder Gruppe erhalten nun die gleichen Buchstabenkärtchen und befestigen sie mit Kreppband vorne am Pulli. In jeder Gruppe gibt es also die gleichen Buchstaben, zum Beispiel jeweils ein A, B, E, F, I, K, L, M, N, O, R, SCH. Nun nennt die Lehrerin ein Wort, beispielsweise „Frosch". Sofort stellen sich die Kinder mit den Buchstaben: F, R, O und SCH nebeneinander. Die Gruppe, die das Wort zuerst gebildet hat, erhält einen Punkt. So werden etwa noch zehn weitere Wörter „geschrieben", und am Ende wird das Team mit den meisten Punkten zur Siegergruppe erklärt.

Schau genau!

Zwei Schüler stellen sich vor die Klasse und dürfen sich zuerst etwa zwei Minuten lang genau betrachten. Dann werden ihnen die Augen verbunden und von den Mitschülern Fragen gestellt. Zum Beispiel: Welche Farben haben Timos Socken (Augen, Schuhe, …)?
Welchen Schmuck trägt die Lisa?
Was steht auf Timos Pulli?
Welche Form hat Lisas Haarspange?
Erstaunlich, was man doch so alles selbst beim bewussten Anschauen gar nicht wahrnimmt!

Drei Wörter, drei Sätze

In einem Körbchen liegen viele zusammengefaltete Zettelchen bereit, die vorher mit beliebigen Reizwörtern beschriftet wurden. Jedes Kind zieht drei „Lose" und überlegt sich dann drei sinnvoll aufeinander folgende Sätze, die jeweils eines der Wörter enthalten.

Zum Beispiel: Garten, während, bewegen.

Den Geburtstag meiner Oma feierten wir im <u>Garten</u> hinter ihrem Haus. <u>Während</u> alle um den Tisch herum saßen und Kuchen aßen, lag Omas

Dackel unter dem Tisch und schlief. Im Traum <u>bewegte</u> er seine Pfoten und wimmerte leise vor sich hin.

Achtung: Die Wörter dürfen in beliebiger Reihenfolge erscheinen.

Vier

Zu Anfang dieses Spieles darf jeder Schüler eine beliebige, extra lange Zahl auf seinen Block schreiben. Sagen wir: achtundsiebzigtausendvierhunderteinundsechzig. Die Lehrerin wettet, dass es ganz egal ist, welche Zahl man aufschreibt, am Ende kommt doch „vier" heraus. Und das geht so: Fordern Sie die Kinder auf, die Buchstaben ihres Zahlwortes zu zählen und aufzuschreiben. In unserem Fall: „fünfundvierzig". Nun machen wir das Gleiche noch einmal: Wir zählen die Buchstaben und schreiben: „vierzehn". Dann noch einmal, also: „acht" und ein letztes Mal: „vier".

5 Viele, viele Sprechideen!

Darf ich vorstellen?

Die Kinder arbeiten zuerst in Partnergruppen zusammen. Damit nicht ausgerechnet die besten Freunde oder Banknachbarn zusammenkommen, werden die Paare ausgelost, zum Beispiel zieht jedes Kind eine halbe Ansichtskarte (Foto, Kalenderbild, ...) aus einem Beutel und sucht denjenigen, der die passende zweite Hälfte gezogen hat.
Nun erzählen sich die Partner von ihren Familien, ihren Hobbys, besonderen Talenten usw. Nach ungefähr fünf Minuten nehmen alle Kinder im Stuhlkreis Platz. Ein Schüler steht auf und stellt seinen Partner vor: „Meine Damen und Herren, es ist mir eine außerordentliche Freude, Ihnen heute einen Experten im Umgang mit Computern vorzustellen. Aber damit nicht genug! Dieses Multitalent hat beim Jugendwettfischen am Stallauer Weiher den ersten Platz belegt. Meine Damen und Herren, hier ist er: Tobias Birck!
Die vorgestellte Person verbeugt sich vor dem Publikum und wird mit Applaus und „Bravo"-Rufen geehrt.

Komplett gelogen

Drei Schüler sitzen vor der Klasse. Die Lehrerin gibt nun jedem einen besonderen Gegenstand. Zum Beispiel einen Schlüssel, einen Apfel und ein Blatt Papier. Die Kinder überlegen sich schnell eine Geschichte, in der ihr Gegenstand die Hauptrolle spielen könnte. Der Schüler mit dem Schlüssel erzählt vielleicht, dass er in Besitz des einzigen Schlüssels ist, der das berühmte Bernsteinzimmer aufschließen könnte oder der zur Tür gehört, die zu den Kronjuwelen der britischen Königin führt, ... Es wird gelogen, dass sich die Balken biegen, und natürlich dürfen die Zuhörer auch Fragen stellen. Zum Beispiel: „Wie bist du denn zu dem Schlüssel gekommen?" oder „Hast du keine Angst, dass man versuchen wird, dir den Schlüssel zu

stehlen?" ... Am Ende, wenn alle drei Lügengeschichten erzählt sind und alle Fragen zur Zufriedenheit beantwortet wurden, dürfen die Kinder ihre Kommentare abgeben. Welche Geschichte war am glaubwürdigsten? Welche Geschichte war die spannendste?

Talk-Show

Zwei Spieler beraten sich vor dem Klassenzimmer, welche Identitäten von berühmten Personen sie gerne annehmen wollen, vielleicht entscheidet sich einer für „Winnetou" und der andere verwandelt sich in den Bundeskanzler. Die beiden setzen sich zu den Zuhörern in den Stuhlkreis und beginnen miteinander zu plaudern und sich Fragen zu stellen, jedoch vermeiden sie dabei tunlichst, den Namen des anderen zu verraten. Meint ein Zuschauer, eine der Personen erkannt zu haben, verrät er ihren Namen nicht, stellt ihr aber eine passende Frage. So wird weiter gesprochen, bis mindestens die Hälfte der Zuschauer eine der Personen erraten hat. Jetzt dürfen zwei Zuschauer die beiden Talkgäste vorstellen.

Was ist hier los?

Ein Schüler wird das Ratekind und verlässt das Klassenzimmer. Alle anderen überlegen eine bestimmte Regel, wonach sie die Fragen des Ratekindes beantworten werden. Beispielsweise wird ausgemacht, dass alle Mädchen die gestellten Fragen ehrlich beantworten, aber alle Buben Lügengeschichten erzählen. Oder jeder Spieler beantwortet immer die Frage, die dem vorherigen Kind gestellt wurde. Oder die Schüler antworten immer so, als wären sie die Person, die die Frage gestellt hat. Oder alle Mädchen gähnen erstmal, bevor sie antworten, alle Buben kratzen sich hinter den Ohren. Das Ratekind versucht, die Regel, nach der hier geantwortet wird, möglichst bald herauszubekommen.

Das Sprichwörter-Rätsel

Ein Schüler nennt den Anfang eines Sprichwortes, und die Mitspieler überlegen ganz schnell, wie das Sprichwort endet. Zum Beispiel:

„Die Axt im Haus …"   „… erspart den Zimmermann."
„Viele Köche …"   „… verderben den Brei."
„Morgenstund' …"   „… hat Gold im Mund."
„Man soll den Tag …"   „… nicht vor dem Abend loben."

Wer zuerst richtig ergänzt, gibt das nächste Sprichwort vor.
Oder wir vertauschen die ersten und zweiten Teile von verschiedenen Sprichwörtern so, dass möglichst lustige neue entstehen, z. B.: „Spinne am Morgen fällt selbst hinein." oder „Neue Besen verderben den Brei." …

Was wärst du lieber?

Die Lehrerin überlegt sich zuerst zwei beliebige Personen oder Gegenstände und fragt dann die Schüler:
„Was wärst du lieber, der Osterhase oder der Nikolaus?"

oder „... die Königin von England oder Michael Jackson?", „... eine Schultasche oder ein Federmäppchen", „... eine Blume oder ein Baum?", ...
Jeder Gefragte muss sich für eine Person oder einen Gegenstand entscheiden und auch eine Erklärung abgeben, warum er sich so entschieden hat. Da es weder richtige noch falsche Antworten gibt, gibt es natürlich auch keinen Sieger. Aber das Spiel macht auch so viel Spaß, weil es einfach komisch ist, sich vorzustellen, man würde vielleicht tagein, tagaus als Wäscheklammer sein Dasein fristen.

Aller guten Dinge sind drei

Ein Kind stellt eine Quizaufgabe und ruft einen Mitschüler auf, der die Aufgabe lösen soll. Wenn er richtig antwortet, gibt er gleich die nächste Aufgabe vor. Zum Beispiel:
Nenne drei Gegenstände, die spitz (kalt, scharf, süß, ...) sind!
Antwort: Schere, Nadel, Dornen
Nenne drei Dinge, die grau und schwer (kalt und weiß, ...) sind!
Antwort: Elefant, Felsen, Mülltonne
Nenne drei Vornamen, in denen du ein „o" hörst!
Antwort: Monika, Tobias, Oliver
Nenne drei Tiere, die mehr als vier Beine haben!
Antwort: Tausendfüßler, Fliege, Spinne
Nenne drei Dinge, die man beim Bäcker kaufen kann!
Antwort: Brot, Kuchen, Lutscher

Fragen über Fragen

Bei diesem Spiel gibt ein Schüler eine Antwort vor. Zum Beispiel:
„Ja, am liebsten am Abend." Jeder Mitspieler sucht nun eine passende Frage dazu. Zum Beispiel: „Isst du gerne Froschschenkel?" oder
„Spielst du gerne mit deiner kleinen Schwester?" oder auch: „Darf ich dich mal besuchen?"

Die Lippensprache

Ein Schüler steht vor der Klasse und spricht mit deutlicher Lippenbewegung einen Satz, gibt dabei jedoch keinen Ton von sich. Die Mitspieler versuchen den Satz von den Lippen des Stummen abzulesen. Wer als Erster den Satz laut vorsprechen kann, darf gleich selber einen vorgeben.

Das Pessimisten-Optimisten-Spiel

Bei diesem Sprechspiel geht es darum, an etwas eigentlich Gutem etwas Schlechtes zu finden und umgekehrt.

Die Lehrerin gibt einen Begriff vor. Zum Beispiel: „Die Sommerferien beginnen." Gleich beginnen die Kinder vor Entsetzen zu stöhnen, und jeder erzählt, was an dieser Vorstellung einfach grauenvoll ist: „Ich kann Sommerferien nicht ausstehen, weil sie so langweilig sind." „Man vergisst alles, was man im Schuljahr vorher so mühsam gelernt hat." „In den Sommerferien ist es schrecklich heiß, die Mücken stechen mich in der Nacht, und dann muss ich auch noch mit meinen Eltern ans Meer fahren." „Meine Schwester hat dann auch Ferien und nervt mich schon am Morgen." ...

Dann wird das Spiel umgedreht und die Kinder sollen etwas Gutes in etwas Schlechtem entdecken. „Deine Eistüte fällt zu Boden.", gibt die Lehrerin vor, und die Kinder sagen dazu: „Juhu, dann werde ich nicht dick." Oder: „Ich kaufe mir ein neues Eis und probiere neue Sorten aus." „Das Eis schleckt eine kleine Katze vom Boden auf und ich rette sie vor dem Hungertod." ...

Was machst du?

Alle Schüler sitzen im Kreis. Katrin beginnt das Spiel, indem sie pantomimisch irgendeine Tätigkeit darstellt. Zum Beispiel spielt sie Geige. Das Nachbarkind Ulla fragt Katrin: „Was machst du da?", und Katrin antwortet zum Beispiel: „Ich angle." Nun stellt Ulla für alle gut erkennbar dar, wie sie angelt. Dann ist Ullas Nachbar Stefan an der Reihe. Er fragt die Ulla: „Was machst du da?", und sie antwortet ihm vielleicht: „Ich putze meine Zähne." So wird möglichst rasch weitergespielt, bis schließlich jedes Kind einmal an der Reihe war. Je ausgefallener die Tätigkeiten, umso lustiger wird das Spiel.

Wörtermischmasch

Jedes Kind schreibt einen beliebigen Satz, der aus mindestens fünf, höchstens zehn Wörtern besteht, auf den Block. Ein Schüler darf dann seinen Satz mit vertauschter Wortstellung vorlesen. Zum Beispiel: Oma fahre Wochenende zu nach meiner München ich am. Aufgabe der Kinder ist es nun herauszufinden, in welcher Reihenfolge die Wörter einen sinnvollen Satz bilden.
Als kleine Hilfe schreibt der Wörtermischer das erste Wort des Satzes an die Tafel.
Das erste Kind, das den Satz richtig vorsprechen kann, darf sich als Belohnung einen neuen Wörtermischmasch ausdenken und vorlesen.

Besuch!

Ein Schüler denkt sich in eine bestimmte Person ein, die allen Mitschülern bekannt ist, betritt entsprechend das Klassenzimmer und erzählt ein bisschen aus seinem Leben.
Die Mitspieler hören aufmerksam zu und versuchen zu erraten, um welche Person es sich handelt. Wer meint, den Namen dieser geheimen Person zu wissen, schreibt ihn auf einen Zettel und meldet sich. Der Besucher eilt zu ihm, liest den Namen und gibt an, ob die Vermutung stimmt oder nicht.

Hat der Rater die Person erkannt, darf er gleich seinerseits das nächste Personenrätsel vorgeben.
Stimmt der Name aber nicht, begibt sich der Besucher wieder vor die Klasse und plaudert weiter aus seinem Leben.
Mögliche Rätselpersonen wären:
Rotkäppchen oder eine andere Märchenfigur, der Nikolaus, der Bundeskanzler, Winnetou, der Hausmeister, Mickey Mouse oder eine andere bekannte Comicfigur, Tarzan, Einstein, Mozart, Madonna (oder wer sonst gerade „in" ist).

Das wichtigste Wort in meinem Leben

Jeden Tag ist ein anderes Kind an der Reihe, den Mitschülern etwas über seinen bzw. seine Vornamen zu erzählen. Dazu sollen die Kinder auch ihre Eltern fragen, warum sie ausgerechnet diesen Namen ausgewählt haben. Vielleicht hieß ja die Urgroßmutter so oder eine berühmte Sportlerin, vielleicht hätte die Mama bzw. der Papa selbst gerne so geheißen, ... Interessant für die Kinder ist auch zu wissen, wie sie heißen würden, wenn sie mit dem jeweils anderen Geschlecht zur Welt gekommen wären.
Der Name des Kindes wird dann im Lexikon der Vornamen nachgeschlagen und die Bedeutung des Namens vorgelesen.

Beispiel: Miranda: Der Name kommt aus dem Lateinischen und bedeutet: die Bewundernswerte.

Was wäre, wenn...?

Jeder Schüler hat etwas zu sagen, wenn er solche Quatschfragen hört:
Was wäre wenn...
   ... dir deine Oma einen lebendigen Elefanten zum Geburtstag schenken würde?
   ... dein Teddy auf einmal lebendig wäre?
   ... ein Raumschiff in eurem Garten landen würde?
   ... du plötzlich fliegen könntest?

Das Prominenten-Interview

Hast du dich auf der einsamen Insel gefürchtet?
Was hast du gegen die Langeweile gemacht?
Womit hast du deine Zähne geputzt?
Solche und ähnliche Fragen dürfen heute dem prominenten Gast Robinson Crusoe gestellt werden. Morgen ist dann vielleicht Rotkäppchen an der Reihe Fragen zu beantworten wie zum Beispiel: „Hast du noch Geschwister?" oder: „Hast du deine Oma schon wieder mal besucht?" Auch der Nikolaus steht bei Fragen wie „Wie schnell fährt dein Schlitten?", „Was machst du im Juli?", „Was isst du am liebsten?" Rede und Antwort.

Das 60-Sekunden-Referat

Die Namen aller Schüler werden auf Zettel geschrieben, die Zettel werden zusammengefaltet und in ein Körbchen gelegt. In einem zweiten Körbchen warten bereits die „Lose", auf denen jeweils ein Stichwort steht. Zum Beispiel: „Pferde" oder „Weltraum", „die Erde" oder „der Wald". Nun darf eine Glücksfee einen Zettel aus dem ersten Körbchen ziehen und damit bestimmen, wer das 60-Sekunden-Referat halten soll, und zudem ein Los aus dem zweiten Körbchen, mit dem das Referatsthema bestimmt wird.

Der Auserwählte stellt sich in der Rednerecke auf das Podest und versucht, so viele Informationen wie möglich zum Thema zu geben. Die Lehrerin zählt mit, wie viele Tatsachen mitgeteilt werden und verwandelt diese „Facts" am Ende des Referates in Gummibären oder Schokolinsen.

Ein ständiges Auf und Ab

Ein Schüler beginnt das Spiel, indem er einen beliebigen ersten Satz unserer Auf-und-Ab-Geschichte erzählt, zum Beispiel: „Gestern fuhr ich mit meinem Rad zu meiner Oma." Der nächste Schüler fügt nun einen Satz an, der mit „Leider" beginnt, also vielleicht: „Leider riss mir der Fahrtwind meine Baseballkappe vom Kopf." Der nächste Schüler fügt einen Satz an, der mit „Zum Glück" beginnt, also eventuell: „Zum Glück bemerkte ich das sofort." So wird weiter gespielt, und jeder Satz abwechselnd mit „Leider" oder „Zum Glück" begonnen. Durch diese Vorgabe fällt es den Kindern wesentlich leichter, den Faden zu spinnen und zu einem hoffentlich glücklichen Ende der Geschichte zu finden.

⑥ Unser „Schatz" hat viele Worte!

Sammelsurium

Dieses Sammel- und Denkspiel macht besonders in Wartezeiten, Vertretungsstunden und zur Auflockerung zwischen den Unterrichtsstunden Spaß. Gesucht werden immer zehn passende Begriffe. Ganz einfach wäre zum Beispiel die Frage:
Suche zehn Tiere, die man im Zoo (auf dem Bauernhof) sehen kann!
Schreibe zehn Dinge, die man essen kann, in alphabetischer Reihenfolge auf!
Schwieriger sind dann Aufgaben wie:
Suche zehn Wörter, die sich auf „Bank" reimen.
Suche zehn Wörter, die man aus den Buchstaben von „Taschenlampe" bilden kann.
Ganz schwierig sind diese Aufgaben:
Finde zehn Wörter, die mit „R" beginnen und mit „r" enden!
Finde zehn einsilbige (dreisilbige) Tiernamen (Reh, Kuh, …), Städtenamen (Bern, Hof, Wien, …), Jungennamen (Swen, Tom, Karl, …)!

Städte mit Vornamen

Jetzt werden Städte gesucht, die einen Vornamen beinhalten, so wie:

Friedrichshafen, **Frank**furt,
Annaberg, **Luise**ntal,
Bad **Marie**nberg, St. **Peter**sburg,
Ludwigslust, …

Alle Schüler helfen zusammen, um so viele Namen wie möglich zu finden. Toll wäre jetzt natür-

lich eine Landkarte oder ein Atlas, auf dem man bestimmt noch viele weitere Städte mit Vornamen entdeckt.
Ist dann wirklich kein weiterer Ort mit Vornamen mehr zu finden, sucht man solche, die eine Tätigkeit bezeichnen. Zum Beispiel: Gießen, Singen, Essen, Weiden, Rügen, Baden-Baden, ...
oder Orte, in deren Namen ein Tier vorkommt, wie: **Hirsch**berg, **Biber**ach, **Aal**en, **Löwe**nstein, **Reh**au, ...

Das Zeitungs-Abc

Jedes Kind bekommt einen Bogen einer alten Zeitung und einen Stift. Alles bereit? Dann kann die Wörterjagd beginnen. Die Schüler suchen so schnell wie möglich zu jedem Buchstaben des Alphabets ein passendes Wort. Zum Beispiel: **A**bend, **b**eim, **C**hemiker, **d**adurch, ... und unterstreichen die Wörter im Text. Buchstaben wie Q, X und Y lässt man aus.
Ist der erste Schüler schließlich bei **Z** wie **Zentrale** angekommen, notiert die Lehrerin, wie lange er für die Aufgabe gebraucht hat. Ist mindestens die Hälfte aller Kinder mit der Aufgabe fertig, werden die gefundenen Lösungswörter von A bis Z vorgelesen.

Das Drei-Buchstaben-Spiel

Jeder Schüler schreibt die ersten drei Buchstaben seines Vornamens auf einen Zettel. Sobald dann „Start frei" gegeben wird, notiert jeder innerhalb der nächsten fünf Minuten so viele Wörter wie möglich, in denen seine drei Anfangsbuchstaben hintereinander enthalten sind.

Martina schreibt auf: Marzipan, Marmelade, Marmor, ... und Robin notiert: Robbe, Probe, grob, ...

Wer am Ende, wenn jeder Spieler seine Lösungswörter vorliest, die meisten hat, gewinnt das Spiel.

Tipp: Spieler mit ungünstiger Buchstabenfolge im Namen suchen nach Wörtern, in denen die drei ersten Buchstaben in beliebiger Reihenfolge enthalten sind. Zum Beispiel: Carolyn: Rache, Choral, Arche, ...

Dalli, dalli!

Nacheinander wird jedem Schüler eine Frage gestellt, zu der er dann innerhalb von einer Minute so viele Antworten wie möglich nennen soll. Ein Spieler stellt die Frage, ein anderer stoppt die Zeit, und ein dritter zählt die richtigen Angaben mit. Also, es geht los: Dalli, dalli!

- Was essen Menschen zum Frühstück?
- Welche Dinge kommen immer doppelt vor? (Schuhe, …)
- Was hat unser Rektor in seiner Hosentasche?
- Was nimmt Tante Berta mit auf Reisen?
- Welche einsilbigen Tiernamen kennst du? (Kuh, Schwan, …)
- usw.

Das Geheimschrift-Spiel

Spiel 1: Ein Wortrahmen wird an der Tafel vorgegeben, z. B.:

Die Schüler suchen nach passenden Wörtern, z. B. Bild, Wolf, Wald, Ball, Zelt, …

Spiel 2: Zur Abwechslung werden die Wörter als Strichbild („Geheimcode") vorgegeben, z. B.: I·II für „Bild" oder I·II für „Brot", …

Spiel 3: Die Wörter werden übersetzt in die Mitlaut-Selbstlaut-Umlaut-Sprache z. B.: MSMM (Buch, Dorf, Hand, Dach, Nest, Kind, Bild, Hund, Wald, gelb) oder MUMMS (Mühle, Gänse, Wüste, Röcke, …).

Wörter zusammensetzen

Ein Wort wird aus dem Grundwortschatz ausgewählt und an die Tafel geschrieben, beispielsweise Baum. Die Schüler haben jetzt fünf Minuten Zeit, so viele Wörter wie möglich mit dem Wort „Baum" zusammenzusetzen, wobei es egal ist, ob das ausgewählte Wort Grundwort oder Bestimmungswort ist, z. B. Baumhaus, Alleebaum, …

Das Alphabet im Klassenzimmer

Große Druckbuchstaben werden einzeln auf je ein Post-it®-Zettelchen geschrieben. Dann suchen die Kinder im Klassenzimmer zuerst nach einem Gegenstand, der mit A beginnt, dann noch einen mit B usw. Wer zuerst etwas Passendes nennen kann, z. B. „Abfalleimer", der darf das Zettelchen an den Gegenstand kleben. Wenn kein entsprechender Gegenstand gefunden wird, dürfen die Zettelchen auch ausnahmsweise mal auf ein Kind mit entsprechendem Vor- oder Nachnamen geklebt werden.
In der zweiten Spielrunde suchen alle Kinder entsprechende Dinge im Pausenhof.

Aufgepasst!

Die Lehrerin schreibt zu Beginn des Unterrichts drei Merkwörter an die Tafel. Diese Wörter wird sie irgendwann einmal während der nächsten

Stunde im Unterrichtsgespräch verwenden. Sobald die Schüler eines der Wörter hören, stehen sie sofort auf. Der Erste bekommt einen kleinen Preis fürs gute Aufpassen.

Die Buchstabenleiter

Jeder Schüler schreibt die Buchstaben des Alphabets, mit Ausnahme der seltenen Buchstaben wie C, Q, J, X und Y, senkrecht untereinander auf den Block und daneben alle Buchstaben noch einmal, sodass eine „Leiter" wie diese entsteht:

A   *A*
B   *B*
D   *D*
E   *E*
F   *F* usw.

Auf das Startzeichen hin haben die Schüler fünf Minuten Zeit, so viele passende Wörter zu bilden wie möglich, zum Beispiel:

A   N N   *A*
B   U   *B*
D   R E I R A *D*
E   N E R G I *E*
F A C K E L L A U *F*
G   E O R   *G* usw.

Wer innerhalb der vorgegebenen Zeit die meisten sinnvollen Wörter gefunden hat, gewinnt das Spiel.

Kleiner Buchstaben-Ausflug

Der erste Ausflug führt die Schüler in den Zoo. Jeder Spieler nennt zu allen Buchstaben in seinem Vornamen ein Tier, das er gerne im Zoo sehen würde. In Katrins Zoo gäbe es beispielsweise eine Kuh, einen Affen, einen Tiger, einen Regenwurm, einen Igel und ein Nashorn zu sehen, wogegen im

Zoo von Stefan ein Saurier, ein Tiger, ein Elefant, ein Fuchs, eine Antilope und eine Natter zu sehen wären.

Natürlich muss man nicht unbedingt einen Zoo gründen. Der zweite Ausflug führt uns zum Wochenmarkt: Aber Vorsicht, das ist nicht so einfach: Peter könnte dort vielleicht Pflaumen, Erdbeeren, Trauben, noch mehr Erdbeeren und Rhabarber einkaufen.

Oder wie wäre es gleich mit einer Weltreise? Der Stefan fährt von Slowenien über Tibet nach England, von dort weiter nach Frankreich, Angola und die Niederlande.

Das Geheimwort

Die Kinder spielen in zwei Gruppen gegeneinander. Der Spielleiter überlegt sich ein Wort, das aus mindestens sieben Buchstaben besteht. Je länger das Wort ist, umso schwieriger das Spiel.

Für jeden Buchstaben malt der Spielleiter einen Kreis an die Tafel. Zum Beispiel:

O O O O O O O O O O O.

Ein Mitspieler der Gruppe A und ein Mitglied der Gruppe B dürfen sich jetzt jeweils zwei beliebige Buchstaben wünschen, die aber nicht nebeneinander stehen dürfen. In unserem Fall wünschen sich die Kinder vielleicht den ersten Buchstaben, den letzten, den dritten und den fünften.

Der Spielleiter schreibt die betreffenden Buchstaben in die Kreise, in unserem Fall also:

H O b O c O O O O O r.

Wenn ein Schüler jetzt das Lösungswort „Hubschrauber" nennen kann, bekommt seine Gruppe so viele Punkte wie Buchstaben fehlen, also genau

acht Punkte. Kann aber niemand das Wort erraten, wünscht sich die Gruppe A einen weiteren Buchstaben. Das Kind an der Tafel trägt den Buchstaben ein, und ein Spieler der anderen Gruppe darf als Nächster raten. Errät er das Wort immer noch nicht, wünscht sich seine Gruppe noch einen Buchstaben usw., bis schließlich eine Gruppe das Rätsel löst und die Restpunkte einstreicht.

Am Ende, wenn jeder Spieler mindestens dreimal an der Reihe war, werden die Punkte verglichen und auf diese Weise der Sieger ermittelt.

Knickebein & Co.

In einem Briefumschlag befinden sich viele kleine, zusammengefaltete Zettelchen, auf die vorher so außergewöhnliche Begriffe wie: Rapunzel, Pumpernickel, Karabinerhaken, Brühwürfel, Schonbezüge, Gürtelschnalle, ... geschrieben wurden.

Nun darf ein Schüler einen Zettel ziehen, das Wort still für sich lesen und versuchen, durch Beschreibung und Hinweise die Mitschüler dazu zu bringen, den Begriff zu nennen. Derjenige, der das Ratewort zuerst ausspricht, darf gleich das nächste Zettelchen ziehen.

Die Dreier-Vierer-Kette

Abwechselnd nennen die Kinder jeweils ein Wort, wobei das erste aus drei Buchstaben bestehen soll, das nächste aus vier, das übernächste wieder aus drei und so weiter. Aber Achtung! Jedes Wort muss mit dem Endbuchstaben des vorangegangenen Wortes beginnen.

Beispiel: Lob – Boot – Tag – Gans – See – Erde – Eis – Sand – der ...

Seltsame Wortgeschöpfe

Wenn ein **Ham**s**ter** eine Kreuzung aus **Ham**mer und Fen**ster** ist, dann ist eine **Zie**g**e** vermutlich die Kreuzung aus einem **Zie**gel und einer Sä**ge**. Welche Wörter entstehen dann als Kreuzungen von:

Rabe und Studio, Käse und Koffer, Würze und Teufel, Kabel und Schemel, …?
Aus welchen Wörtern könnten dann diese Tiernamen entstanden sein:
Pudel, Hase, Raupe, Ferkel, Eule, Ratte, Amsel?

Das Buchstabenquadrat

An die Tafel wird ein Quadrat aus 16 Feldern gezeichnet und mit Buchstaben beschriftet. Die Kinder haben fünf Minuten Zeit, so viele Wörter wie möglich zu bilden, wobei jeder Buchstabe pro Wort nur einmal verwendet werden darf und jeder Buchstabe waagrecht, senkrecht oder diagonal an den vorangehenden Buchstaben angrenzen muss.
Alles klar? Dann auf zur Wörterjagd!

P	D	A	L
F	E	S	Z
N	R	O	C
I	B	T	H

(Salz, Rose, rosa, Pedal, Frosch, Docht, Birne, …)

Das Selbstlaut-Spiel

In diesem Spiel werden Wörter gesucht, in denen nur eine Sorte Selbstlaute vorkommen. Zum Beispiel: Iltis, Salat, Hexe, Uhu, Lotto, Erdbeergelee, Ananassaft, …
Nach fünf Minuten Sammelzeit werden die Blätter ausgetauscht und die Lösungswörter von den Schülern vorgelesen.
Und so wird gewertet: Ein Wort mit zwei „e", gibt einen Punkt, ein Wort mit zwei „a" wird mit zwei Punkten bewertet. Für ein Doppel-„i", -„o" und -„u"-Wort gibt es jeweils fünf Punkte und für ein Wort, in dem der gleiche Selbstlaut dreimal oder öfter vorkommt, gibt es zehn Punkte.
Wer am Ende die meisten Punkte hat, gewinnt das Spiel.

Die „Ein-Vokal-Wörter-Schlacht"

Jeder Schüler sitzt mit Block und Bleistift an seinem Platz und wartet darauf, dass die Lehrerin einen Vokal an die Tafel schreibt. Zum Beispiel: A/a
Nun schreibt jedes Kind so schnell wie möglich lauter Wörter untereinander, in denen jeweils nur ein A/a vorkommt. Das erste Wort muss aus zwei Buchstaben bestehen, das nächste aus drei usw. Wer die Reihe am längsten fortsetzen kann, gewinnt die Schlacht.

A/a
am
Ast
Ball
Glanz
Tracht
schwarz
Schlacht
schwankst

7 Spaß für zwischendurch

Das Abc-Jahr

Stell dir vor, die Monate würden nach dem Alphabet geordnet erscheinen. Mit welchem Monat würde dann das Jahr beginnen und welcher Monat wäre der letzte in der Reihe?
(Der erste Monat wäre der April, der letzte der September.)

Nachbarn gesucht

Ein Schüler nennt einen beliebigen Buchstaben. Zum Beispiel: „K". Er ruft einen Mitschüler auf, der die beiden Nachbarn dieses Buchstabens nennt, also: „J und L". Stimmt die Antwort, darf dieser Schüler einen anderen Buchstaben nennen usw.

Reimerei

Ein Spieler gibt die erste Zeile vor, zum Beispiel:
„Ohjemine, der Frosch ist krank ..." und die Mitschüler dichten möglichst rasch eine passende zweite Zeile dazu, wie:
„... er liegt auf der Ofenbank." („... er braucht dringend einen Zaubertrank.", „... füll doch mal den Wassertank.", ...)
Wem zuerst eine passende Ergänzung einfällt, gibt die erste Zeile eines neuen Reimes vor.

Auf die Plätze, fertig, rot!

1. Sofort nennt jedes Kind einen roten Gegenstand. Zum Beispiel: Radieschen, Johannisbeere, das Auto der Rektorin, ...
2. Ältere Kinder nennen abwechselnd verschiedene Rottöne, wie: fuchsrot, himbeerrot, weinrot, ...
3. Die Schüler nennen abwechselnd Wörter, in denen das Wörtchen „rot" enthalten ist, zum Beispiel: Rotfuchs, Rotbuche, Rotkappe, Rotkäppchen, Grotte, Frottee, Trottel, Schrot, ...

Pause!

Heute sollen die Schüler in alphabetischer Reihenfolge ihrer Vornamen (ein anderes Mal sind die Nachnamen an der Reihe) in die Pause gehen. Die Spieler dürfen sich dabei nicht unterhalten, aber mit Zeichen kommunizieren.

Überraschung!

Jedes Kind hält sich einen Zettel an die Stirn und soll nun darauf seinen Vornamen schreiben. Klingt einfach! Wenn wir dann aber die Zettel betrachten, gibt es eine Überraschung: Die Namen wurden in Spiegelschrift geschrieben!
Sie können sicher sein, dass dieses Spiel seine Kreise ziehen wird und heute Abend das halbe Dorf oder der halbe Stadtteil die gleiche Überraschung erfährt.

Ätsch!

Wetten, dass du kein kleines ü mit zwei Pünktchen darauf schreiben kannst?
Was, du kannst es doch? Dann zeige mal! Also, ein „ü" ist falsch! Du solltest doch eines mit zwei Pünktchen darauf schreiben, also:

ü̈   oder   **2 Pünktchen**
                                                  ü

Abc

Beißen mich die Flöh'
beißen mich die Wanzen,
kann ich nimmer tanzen,
beißen mich die Stiegelitzen,
kann ich nimmer stille sitzen.

8 Wir spielen mit Buchstaben!

Wer kennt mein Wort?

Die Lehrerin schreibt bestimmte Merkwörter auf kleine Zettel und steckt die Zettel in einen Beutel. Jetzt darf ein Schüler einen Zettel ziehen, das Wort darauf still für sich lesen und drei beliebige Buchstaben des Wortes an die Tafel schreiben. Für das Wort „Rakete" schreibt der Spieler zum Beispiel: „a, e, k" an die Tafel.
„Wer kennt mein Wort?", fragt der Schreiber jetzt seine Mitspieler. Wenn niemand das richtige Wort nennt, fügt der Schreiber einen weiteren Buchstaben hinzu. Jetzt stehen dann diese Buchstaben an der Tafel: „ t, a, e, k". Errät immer noch niemand das richtige Wort, werden so lange nach dem gleichen Prinzip Buchstaben ergänzt, bis schließlich ein Schüler das Lösungswort nennt. Der Sieger darf das nächste Zettelchen ziehen.

Anfang, Mitte, Ende

Die Schüler spielen in drei gleich großen Gruppen zusammen. Eine Gruppe soll Wörter finden, in denen die vorgegebene Buchstabenkombination am Wortanfang steht, die zweite Gruppe sucht nach Wörtern mit diesen Buchstaben im Wortinneren und die dritte Gruppe sucht nach Wörtern, die die Buchstabenkombination am Ende vorweisen.

Beispiel: Vorgegeben wird die Kombination: *ge*

Gruppe 1	*Gruppe 2*	*Gruppe 3*
gehen	segeln	Wiege
geben	Regen	Lage
usw.		

Die Gruppe, die zuerst zehn passende Wörter gefunden hat, gewinnt das Rennen.

Das Zeitungsspiel

Jedes Kind hat einen Bogen Zeitung vor sich und einen roten Farbstift in der Hand. Die Lehrerin schreibt jetzt einen Buchstaben an die Tafel. Sofort begibt sich jeder in seinem Zeitungsartikel auf die Suche nach diesem Buchstaben und kreist die gefundenen Ebenbilder rot ein. Nach drei bis fünf Minuten wird die Suche beendet. Jedes Kind zählt die eingekreisten Buchstaben, und es gewinnt natürlich derjenige, der die meisten gefunden hat.

Buchstaben raten

„Buchstabenraten" macht allen Grundschulkindern ab der ersten Klasse großen Spaß.
Jedem Kind wird ein Buchstabenkärtchen mit einem Streifen Tesafilm auf den Rücken geklebt. Dann gehen die Kinder im Klassenzimmer spazieren und fragen die anderen „Wanderer", an denen sie vorbeikommen, ob der eigene Buchstabe z. B. im Wort „Auto" vorkommt oder in „Blume" usw. Durch Kombinieren und geschicktes Fragen soll jeder möglichst schnell herausbekommen, welcher Buchstabe auf seinem Rücken klebt. Wer meint, den Buchstaben erraten zu haben, läuft zum Spielleiter und fragt nach. Die schnellsten drei Buchstabendetektive verdienen einen kleinen Preis.

BUCHSTABENSPIELE

Oder wir spielen:

Buchstabenbrüder

Gespielt wird wie oben beschrieben, nur dass zusätzlich noch zwischen großen und kleinen Buchstaben unterschieden wird. Das Buchstabengeschwisterpaar, das sich zuerst gefunden hat, läuft zur Lehrerin, lässt sich beglückwünschen und schaut gespannt zu, welches Paar sich als Nächstes finden wird.

Achtung: Fragt der „D"-Schüler beispielsweise ein Kind nach dem Wort „Wind", muss es zur Antwort geben, dass sich sein Rückenbuchstabe **nicht** in diesem Wort befindet!

Die Reimkette

Die Lehrerin stellt sich vor die Klasse und ruft ein Wort. Zum Beispiel: „Nacht". Jedes Kind, das nun ein Reimwort zu „Nacht" nennen kann, beispielsweise: acht, lacht, Schacht, kracht, Tracht, Jacht, ... darf sich links oder rechts bei der Lehrerin einhaken, bis schließlich eine möglichst lange Reimwörterkette entsteht. Vielleicht gelingt es ja auch einmal, die ganze Klasse in einer Reimwörterkette zu vereinigen.

Einer kommt durch

Alle Schüler stehen an ihren Plätzen. Die Lehrerin gibt nun nacheinander bestimmte Bedingungen an, unter denen sich die Schüler hinsetzen dürfen. Zum Beispiel: „Setze dich, wenn dein Vorname aus sechs Buchstaben besteht!" Martin, Katrin und Verona setzen sich daraufhin auf ihre Plätze. Nun sagt die Lehrerin vielleicht: „Setze dich, wenn dein Name aus drei Silben besteht!" und danach: „Setze dich, wenn dein Vorname und dein Nachname mit dem gleichen Buchstaben beginnen!" usw., bis schließlich ein Kind als Sieger übrig bleibt.

Die Wörterkiste

Zwei Schüler spielen miteinander. Zuerst wird ein Quadrat aus sechs mal sechs Feldern auf den Block gemalt. Dann tragen die Spieler abwechselnd große Druckbuchstaben in beliebige Felder ein. Wer einen Buchstaben so platzieren kann, dass waagrecht, senkrecht oder diagonal ein Wort entsteht, darf sich einen Punkt gutschreiben. So wird weiter gespielt, bis alle Felder mit Buchstaben belegt sind. Wer jetzt die meisten Punkte hat, ist der Sieger.

Der verlorene Buchstabe

Die Lehrerin hat alle Buchstaben des Alphabets – bis auf einen – auf eine Overheadfolie geschrieben. Jetzt wird der Projektor eingeschaltet, die Spieler betrachten die Buchstaben genau und suchen, welcher fehlt. Wer ihn zuerst nennt, gewinnt.

Buchstaben für Riesen

Ein Kind hüpft auf einem Bein einen Buchstaben vor. Die Mitspieler schauen genau zu. Wer zuerst den richtigen Buchstaben nennt, darf gleich den nächsten vorhüpfen.
Beim nächsten Mal werden die Buchstaben mit kleinen Trippelschritten vorgelaufen, bei schönem Wetter vorgekrabbelt, im Winter in den Schnee gestapft oder (besonders beliebt) mit Schneebällen an eine Hauswand geworfen.

Im Rückwärtsgang

Dieses kleine Spiel klingt so einfach, ist aber ganz schön knifflig!
Ein Schüler überlegt sich ein Wort. Zum Beispiel: „Regenmantel". Nun buchstabiert er es den Mitspielern laut, aber rückwärts. Also:
L, E, T, N, A, M, N, E, G, E, R. Der Spieler, der das richtige Wort zuerst nennt, darf gleich das nächste rückwärts buchstabieren.

BUCHSTABENSPIELE

Tipp: Der Schüler, der das Wort buchstabiert, sollte es sicherheitshalber vorher aufschreiben!

Gestreifte Buchstaben

Auf eine Folie für den Overheadprojektor wird ein beliebiger Buchstabe etwa handtellergroß geschrieben. Diesen Buchstaben deckt man mit fünf Papierstreifen ab, bevor man den Projektor einschaltet. Nun nimmt die Lehrerin einen Streifen weg, sodass die Kinder einen kleinen Teil des Buchstabens sehen können. Sollte ein Kind jetzt schon den Buchstaben erraten, so erhält seine Gruppe vier Punkte (entsprechend der übrigen Streifen). Müssen drei Streifen entfernt werden, bevor der Buchstabe erraten wird, so erhält die Gruppe noch zwei Punkte. Um zu verhindern, dass ein lautstarkes Buchstabenrufen entsteht, wird den Kindern vorher gesagt, dass jede Gruppe bei jeder Runde nur einen Tipp abgeben darf. Ist der genannte Buchstabe falsch, darf die Gruppe in dieser Runde nicht mehr mitspielen. Ist kein Overheadprojektor verfügbar, kann das Spiel auch in Kleingruppen am Tisch durchgeführt werden.

Die Buchstabenjagd

Dieses Spiel eignet sich am besten für Gruppen mit etwa vier bis sechs Kindern. Einer wird zum Spielleiter und fordert die Mitspieler auf, alle 26 Buchstaben kreuz und quer auf einem Blatt Papier zu verteilen. Der Spielleiter sammelt die Blätter ein und verteilt sie dann so an die Kinder, dass jedes ein fremdes Blatt vor sich hat.
Nun nennt der Spielleiter einen beliebigen Buchstaben. Zum Beispiel: „K". Die Buchstabenjäger suchen das „K" auf ihren Blättern. Wer es zuerst

findet, ruft „Stopp" und darf als einziger Spieler das „K" einkreisen. Schon wird der nächste Buchstabe genannt. Wenn schließlich alle Buchstaben einmal an der Reihe waren, ist das Spiel zu Ende. Wer die meisten eingekreisten Buchstaben vorweisen kann, gewinnt die Buchstabenjagd.

Alle Buchstaben fliegen hoch

Die Lehrerin gibt einen Buchstaben vor, auf den von nun an genau geachtet werden muss. Zum Beispiel: „f".
Dann ruft ein Spieler, der die Rolle des Spielleiters übernimmt, nach bekannter „Alle-Vöglein-fliegen-hoch"-Manier „Alle Elefanten fliegen hoch!" und streckt seine Arme in die Luft, und die Mitspieler tun es ihm gleich, weil ja im Wort „Elefanten" ein „f" steckt. Dann ruft der Spielleiter vielleicht: „Alle Birnen fliegen hoch!" und wieder streckt er seine Arme hoch in die Luft. Wer aufgepasst hat, weiß aber, dass er jetzt tunlichst seine Arme unten lässt, weil ja im Wort „Birnen" kein „f" zu hören ist. Wer dennoch seine Arme hochgestreckt hat, gibt ein Pfand ab. Genauso muss jeder ein Pfand abgeben, der seine Arme nicht hochgestreckt hat, wenn er es besser getan hätte.
Je schneller gespielt wird, umso lustiger wird es!

Kampf mit der Buchstabenschlange

Immer zwei Schüler spielen gegeneinander. Zuerst wählen sie einen beliebigen Abschnitt des Alphabets aus, der aus zehn aufeinander folgenden Buchstaben besteht. Zum Beispiel: ABCDEFGHIJ. Sie schreiben diese Buchstabenfolge auf einen Zettel.
Nun sagt abwechselnd jeder Spieler ein Wort, in dem mindestens einer dieser Buchstaben, nach Möglichkeit aber gleich mehrere vorkommen und streicht sie auf dem Zettel. Beispiel: Ein Schüler sagt „Bach" und streicht B, A, C und H. Der Spielpartner sagt „Jade" und streicht J, D und E. So wird weitergespielt, bis schließlich einer der beiden den letzten Buchstaben streicht und damit gewinnt.

BUCHSTABENSPIELE

Wer ist das?

In einem altbekannten Spiel werden die Schüler aufgefordert, aus den Buchstaben eines vorgegebenen Wortes neue Wörter zu bilden.
Beispiel: Vorgegeben wird das Wort „Apfelbaum", und die Schüler finden Wörter wie: Male, Flaum, lau, Pflaume, ...
Jetzt drehen wir das Spiel um. Zuerst soll jedes Kind aus den Buchstaben seines Vornamens neue Wörter suchen. Wer Ute, Kim oder Uwe heißt, darf ersatzweise auch mit den Buchstaben des Nachnamens spielen.
Jeder Schüler schreibt seinen Namen auf ein Blatt und darunter alle Wörter, die man aus den Buchstaben bilden kann.
Dann werden die Blätter eingesammelt. Die Lehrerin zieht einen Zettel und schreibt die gefundenen Wörter auf eine Folie. Die Schüler vergleichen, kombinieren und sollen möglichst schnell angeben, wie die Absenderin bzw. der Absender dieses Zettels heißt.
Wer zuerst den richtigen Namen nennt, erhält einen kleinen Preis.

Achtung: Jeder Buchstabe des Namens darf nur einmal im neuen Wort erscheinen.

Beispiel: Karoline könnte diese Wörter aufgeschrieben haben: Nil, ein, Karl, kein, rein, Nero, Link, er, ... aber nicht: Rolle, Leine, ...

Selbstlautlos

Dieses kleine Spielchen eignet sich gut, um die Schüler noch ein paar Minuten bis zum Unterrichtsende zu beschäftigen.
Ein Satz aus einem alten Diktattext, ein Sprichwort oder ein Liedanfang wird ohne Vokale und ohne Abstand zwischen den Wörtern auf ein Blatt Papier geschrieben. Wer findet zuerst heraus, was das heißt: „MrgnKndrwrdswsgbn"? (Morgen Kinder wird's was geben.)
Und was bedeutet dieser Satz: „MrgnstndhtGldmMnd"?

Buchstaben-Bingo

Jeder Schüler schreibt vier Wörter, die jeweils aus fünf verschiedenen Lauten bestehen, auf den Block.

Beispiel: Gurke, Blume, Zwerg, Schweine, Kranz

Die Lehrerin nennt nun nacheinander verschiedene Laute. Die Kinder vergleichen sie mit ihren Wörtern und streichen die genannten Laute durch. Wer zuerst ein Wort komplett durchgestrichen hat, ruft „Bingo" und hat gewonnen.

Achtung: Machen Sie die Schüler vor dem Spiel darauf aufmerksam, dass beispielsweise „ei" ein Laut ist und erst durchgestrichen werden darf, wenn genau dieser Laut (und nicht „e" und „i") genannt wird.

AFKPU

Wer bei diesem Spiel gewinnen will, prägt sich schnell diese Buchstaben ein: AFKPU.

Dann geht es los! Abwechselnd dürfen zwei Spieler von der Alphabetreihe einen, zwei, drei oder vier Buchstaben abstreichen. Wer am Ende das Z streichen darf, gewinnt das Spiel.

Hält man sich an die Buchstaben AFKPU, wird man gewinnen.

Beispiel: Hanna streicht: ABC. Tom muss zuerst das F erwischen und sagt deshalb: D, E, F. Hanna streicht G, und Tom streicht: H, I, J, K, weil das „K" der nächste Stützpunkt zum Sieg ist. Hanna streicht vielleicht jetzt nur das L und Tom streicht: M, N, O und P. Dann ist Hanna wieder an der Reihe. Sie streicht: Q, R, S, und Tom nennt sofort: T und U. Jetzt hat Hanna schon verloren. Bis zum „Z" sind es noch fünf Buchstaben und sie darf ja nur maximal vier streichen. Also sagt sie vielleicht nur: „V". Jetzt hat Tom freie Bahn. Er streicht die restlichen vier Buchstaben, inklusive dem „Z" und hat gewonnen.

Die Buchstabenlotterie

Für dieses Gruppenspiel nimmt man am besten einen Satz „Scrabble"-Buchstabenplättchen oder stellt selbst welche her, indem man auf kleine Pappkärtchen jeweils einen Buchstaben schreibt.

Die Schüler sitzen im Kreis. Alle Buchstabenplättchen liegen gründlich gemischt mit der bedruckten Seite nach unten auf dem Tisch. Der jüngste Schüler deckt ein beliebiges Plättchen auf, zum Beispiel „B", und nennt dazu ein Wort. Das „B" darf an einer beliebigen Stelle im Wort vorkommen, also vielleicht „Brief" oder „Nebel" oder „lieb". Der Schüler nimmt das Buchstabenplättchen „B" an sich. Dann ist sein linker Nachbar an der Reihe. Auch er dreht ein Plättchen um und nennt ein passendes Wort.

So wird weiter gespielt, bis der erste Spieler wieder an die Reihe kommt. Er dreht ein Plättchen um, vielleicht das „G", und muss jetzt ein Wort nennen, in dem beide Buchstaben, also das „B" und das „G" vorkommen. Vielleicht fällt ihm „biegen" ein oder „Glaube", …

Ist er zum dritten Mal an der Reihe, muss er natürlich alle drei Buchstaben in seinem Wort unterbringen, in der vierten Runde alle vier usw. Kann er das einmal nicht, scheidet er aus. Alle bislang erbeuteten Buchstaben bleiben in seinem Besitz. Es gewinnt am Ende, wer die meisten Buchstabenplättchen ergattern konnte.